초등생을 위한

하루 24 시간
영어로 말하기

Giovanna Stapleton, Anne Kim 지음

Speak Your Daily Life in English!

자기 생각을
영어로 말하는
힘을 기르는
첫 단계

동양북스

초등생을 위한
하루 24 시간 영어로 말하기

초판 인쇄 | 2024년 02월 16일
초판 발행 | 2024년 02월 23일

지은이 　　| Giovanna Stapleton, Anne Kim
발행인 　　| 김태웅
기획 편집 | 황준, 안현진
디자인 　　| MOON-C design
마케팅 　　| 김철영
제　작 　　| 현대순

발행처 　　| (주)동양북스
등　록 　　| 제 2014-000055호
주　소 　　| 서울시 마포구 동교로 22길 14 (04030)
구입 문의 | 전화 (02)337-1737 팩스 (02)334-6624
내용 문의 | 전화 (02)337-1763 dybooks2@gmail.com

ISBN 979-11-7210-006-3 (63740)

초등 영어의 중심은 이해와 표현

개정된 초등 영어 학습의 중심은 이해와 표현입니다. 영어로 된 지식과 정보를 처리하는 이해력, 자기 생각을 활발하게 전달하는 표현력이 가장 중요하게 된 것입니다. 이에 따라 초등 영어에는 두 가지 큰 변화가 생겼습니다. **첫째는 기본 어휘 수의 증가**이고, **둘째는 실생활에 가까운 표현이나 내용을 배우는 학습의 강화**입니다. 삶과 가까운 언어 활동을 통해 실질적인 표현 능력을 효과적으로 기를 수 있도록 한 것입니다.

의사소통 능력 중시 경향에 주목하자

이러한 학습에 있어서 가장 좋은 출발은 기본적인 일상부터 시작하는 것입니다. 아침에 일어나서 학교에 가는 상황과 같은 일상 표현들로 영어를 시작하면 자연스럽게 그리고 체계적으로 어휘력과 의사소통 능력을 기를 수 있습니다. 그래서 이 책『초등생을 위한 하루 24시간 영어로 말하기』에서는 **초등생의 하루 24시간을 분석하여, 매일 하는 일 30가지**를 다루고 있습니다. 각 주제는 가장 많이 사용하는 영어표현을 배우고 기초 표현부터 대화문, 영어 발표까지 차근차근 확장하여 학습할 수 있도록 구성되어 있습니다. 이러한 학습을 통해 학생들은 **자연스럽게 어휘 수를 늘리고 실질적인 의사소통 능력을 강화**할 수 있는 것입니다.

미래를 준비하는 하루 24시간 일상 영어

세상이 빠르게 변화하고 있고 영어 교육도 발맞춰 바뀌고 있습니다. 이제는 단어를 암기하고 문법을 배우고 해석해서 문제를 푸는 것이 아닌 **영어 자체를 잘하는 것을 시대가 요구**하고 있습니다. 배우는 것에서 멈추지 않고 자연스럽게 활용할 수 있어야 하는 것입니다. 이 책은 시퀀스 텔링(sequence Telling)과 생생한 그림을 통해 영어 표현을 쉽게 기억하고 사용할 수 있도록 돕습니다. 또한 액티비티를 통해 재미있게 반복하면서 활용 능력을 기를 수 있도록 합니다.

『초등생을 위한 하루 24시간 영어로 말하기』와 함께 해보십시오.
영어 구사 능력을 향상시키고 실전 활용 능력을 강화할 수 있을 것입니다.

생활밀착형 초등생의 하루 24시간 영어
시퀀스 텔링과 그림 연상 기법으로 의사소통 능력 Up!

이야기처럼 연결된 시퀀스 텔링으로 쉽게 암기 가능

짧은 영어 표현과 시퀀스텔링의 연관된 문장으로 쉽게 암기할 수 있습니다.
표현·문장·대화문·영어 발표로 이어지는 단계별 연습을 통해
자연스럽게 표현 능력을 발전시킬 수 있습니다.

이해를 돕고 기억력을 향상시키는 생생한 이미지

이미지를 보면서 배운 표현을 더 쉽게 떠올리고 묘사하는 연습으로
실제 영어를 말하는 능력을 향상시킬 수 있습니다.

다양한 액티비티를 통해 재미있게 반복

회화에서 반복은 필수! 다양한 액티비티를 통해 재미있게 반복할 수 있습니다.
개개인에게 맞게 혼자서도, 그룹으로도, 교실에서도 활용이 가능합니다.

나만의 이야기를 만드는 창의력 학습

주어진 스토리에 문장을 추가하거나 바꿔서
나만의 이야기를 만들 수 있습니다.

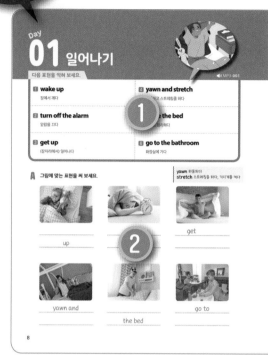

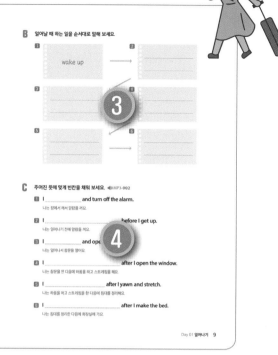

1 꼭 알아야 할 표현

초등생의 24시간을 담은 30가지 주제별 매일 쓰는 핵심 표현 6개입니다.
사전을 찾아 단어를 외우듯이 표현과 뜻에 중심을 두고 암기해 주세요.

2 그림을 보고 빈칸 채우기

꼭 알아야 할 6개의 표현을 떠올릴 수 있는 이미지입니다. 이미지를 보고 빈칸을
채워 보세요. 또한 나의 일상에서 해당 표현을 사용할 수 있는 장면을 떠올려 보세요.

3 순서를 생각하면서 빈칸 채우기

꼭 알아야 할 6개의 표현 전체를 한꺼번에 외우는 코너입니다. 순서대로 떠올리는
가운데 각 표현을 전체 흐름 속에서 습득할 수 있도록 해 주세요.

4 빈칸을 채우면서 문장 완성하기

각 표현이 실제 상황에서는 어떻게 쓰는지를 배우는 문제입니다. 실제 상
황 문장답게 잘 쓰이는 한정사 등이 반영돼 있습니다. 빈칸을 채운 후 음
원을 듣고 자연스럽게 말할 수 있을 때까지 반복해 보세요.

MP3 download

Practice

A 빈칸에 알맞은 말을 찾아 넣고 말해 보세요. ◀)) MP3-003

turn off the alarm / wake up / yawning and stret...

1 A: Bob, _____! The alarm is ringing!
   밥, 일어나! 알람이 울리고 있잖아!

   B: I'm already up. I will _____.
   벌써 일어났어요. 알람 끌게요.

2 A: Hurry up! Stop _____!
   서둘러 아침하고 스트레칭은 좀 그만해!

   B: Sorry, but this is my routine for getting up. | routine 규칙적으로 하는 일
   죄송해요. 하지만 이건 일어나려고 제가 늘 하는 일인 걸요.

am going to the bathroom / make your bed / is almost ready

3 A: Did you _____ this morning?
   너 오늘 아침에 침대 정리했니?

   B: Yes, I did. I made it neat and tidy. | neat 깔끔한
   네, 했어요. 아주 깔끔하게 정리했어요. | tidy 정돈된

4 A: Where are you going? Breakfast _____.
   너 어디 가니? 아침 식사 거의 다 준비됐어.

   B: I _____.
   저 화장실 가려고요.

B 빈칸에 알맞은 말을 넣은 후 그림을 보고 자유롭게 말해 보세요. ◀)) MP3-004

1 First, I _____ after I _____.
   먼저 나는 침대에서 깬 후에 알람을 꺼요.

2 Then, I _____ and check my phone.
   그리고 나서 나는 일어나서 휴대전화를 확인...

3 And then I _____ for a while.
   그 다음에 나는 잠시 하품을 하고 스트레칭을...

4 After stretching, I _____ myself.
   스트레칭을 한 후에 나는 스스로 침대를 정리해요.

5 Finally, I _____ and wash my hands.
   마지막으로 나는 화장실에 가서 손을 씻어요.

C 그림을 보고 나의 일상을 영어로 표현해 보세요.

What do you do after you wake up?

5 대화문 빈칸 채우기

표현이 담긴 문장이 실제 상황에서 어떻게 활용되는지를 보여주는 대화문입니다. 6개 표현뿐 아니라 함께 배우면 좋을 표현을 연습할 수 있습니다. 빈칸을 채운 후 음원을 들으면서 여러 번 따라 말해 보세요. A와 B의 역할을 바꿔가며 감정을 살려 실감나게 말해 보면 더 좋습니다. 어렵거나 생소한 표현은 단어 박스에 표시해 두었으니 참고하세요.

6 발표문(프레젠테이션) 듣고 빈칸 채우기

다른 사람에게 말한다고 상상하며 영어로 발표하는 프레젠테이션 코너입니다. 원어민 음원을 들으며 빈칸을 채운 후 여러 번 따라 말해 보세요.

7 그림 보고 질문에 답하기

그림을 참고하며 주어진 질문에 답해 보세요. 주어진 시퀀스 텔링 스토리에 문장을 추가하거나 문장을 바꿔 나만의 이야기를 만들어 보세요. 자기 표현 능력을 향상시킬 수 있습니다.

이 책의 목차

머리말 003

이 책의 특징 004

이 책의 활용법 005

Day 01 일어나기 008

Day 02 세수하기 012

Day 03 아침 먹기 016

Day 04 양치하기 020

Day 05 옷 입기(상의) 024

Day 06 옷 입기(하의) 028

Day 07 등교 준비 032

Day 08 집 나서기 036

Day 09 길 건너기 040

Day 10 버스 타기 044

Day 11 지하철 타기 048

Day 12 자전거 타기 052

Day 13 수업 듣기 056

Day 14 쉬는 시간 060

Day 15 체육 시간 064

Day 16 미술 시간 068

Day 17 발표 시간 072

Day 18 점심 시간 076

Day 19 편의점에 들르기 080

Day 20 온라인 게임 하기 084

Day 21 반려견 돌보기 088

Day 22 무인 아이스크림 가게 가기 092

Day 23 병원 가기 096

Day 24 도서관에서 책 빌리기 100

Day 25 TV 또는 영화 보기 104

Day 26 숙제하기 108

Day 27 라면 끓이기 112

Day 28 세탁하기 116

Day 29 분리수거하기 120

Day 30 영어 일기 쓰기 124

정답 130

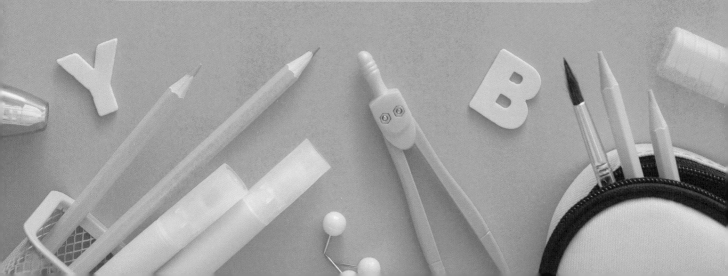

다음 표현을 익혀 보세요.

🔊 MP3-001

1 wake up
잠에서 깨다

4 yawn and stretch
하품하고 스트레칭을 하다

2 turn off the alarm
알람을 끄다

5 make the bed
침대를 정리하다

3 get up
(잠자리에서) 일어나다

6 go to the bathroom
화장실에 가다

A 그림에 맞는 표현을 써 보세요.

> yawn 하품하다
> stretch 스트레칭을 하다, 기지개를 켜다

----

up

----

the alarm

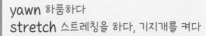

get

yawn and

----

the bed

go to

B 일어날 때 하는 일을 순서대로 말해 보세요.

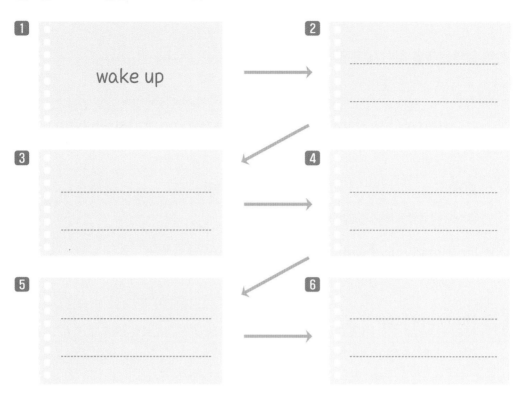

① wake up

②

③

④

⑤

⑥

C 주어진 뜻에 맞게 빈칸을 채워 보세요. 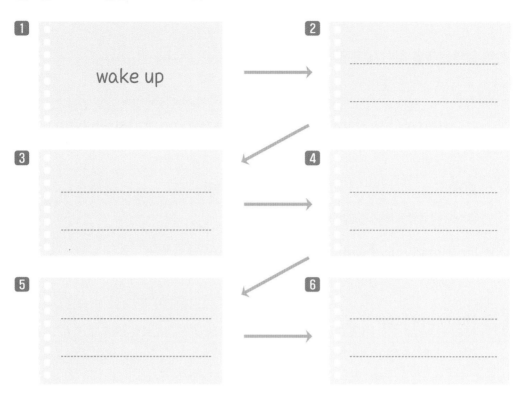 MP3-002

① I _____ and turn off the alarm.

나는 잠에서 깨서 알람을 꺼요.

② I _____ before I get up.

나는 일어나기 전에 알람을 꺼요.

③ I _____ and open the window.

나는 일어나서 창문을 열어요.

④ I _____ after I open the window.

나는 창문을 연 다음에 하품을 하고 스트레칭을 해요.

⑤ I _____ after I yawn and stretch.

나는 하품을 하고 스트레칭을 한 다음에 침대를 정리해요.

⑥ I _____ after I make the bed.

나는 침대를 정리한 다음에 화장실에 가요.

Practice

A 빈칸에 알맞은 말을 찾아 넣고 말해 보세요. 🔊 MP3-**003**_**01~04**

---

turn off the alarm / wake up / yawning and stretching

---

1 A: Bob, _____! The alarm is ringing!

밥, 일어나! 알람이 울리고 있잖아!

B: I'm already up. I will _____.

벌써 일어났어요. 알람 끌게요.

2 A: Hurry up! Stop _____!

서둘러! 하품하고 스트레칭은 좀 그만해!

B: Sorry, but this is my routine for getting up. | routine 규칙적으로 하는 일

죄송해요. 하지만 이건 일어나려고 제가 늘 하는 일인 걸요.

---

am going to the bathroom / make your bed / is almost ready

---

3 A: Did you _____ this morning?

너 오늘 아침에 침대 정리했니?

B: Yes, I did. I made it neat and tidy. | neat 깔끔한
                                              | tidy 정돈된

네, 했어요. 아주 깔끔하게 정리했어요.

4 A: Where are you going? Breakfast _____.

너 어디 가니? 아침 식사 거의 다 준비됐어.

B: I _____.

저 화장실 가려고요.

10

B MP3를 듣고 빈칸에 알맞은 말을 넣어보세요. 🔊 MP3-**004**

1 First, I _____ after I _____.

먼저 나는 잠에서 깬 후에 알람을 꺼요.

2 Then, I _____ and check my phone.

그러고 나서 나는 일어나서 휴대전화를 확인해요.

3 And then I _____ for a while.

그 다음에 나는 잠시 하품을 하고 스트레칭을 해요.

4 After stretching, I _____ myself.

스트레칭을 한 후에, 나는 스스로 침대를 정리해요.

5 Finally, I _____ and wash my hands.

마지막으로 나는 화장실에 가서 손을 씻어요.

C 그림을 보고 나의 일상을 영어로 표현해 보세요.

What do you do after you wake up?

다음 표현을 익혀 보세요.

◀)) MP3-005

1 turn on/off the water
물을 틀다/잠그다

4 rinse my face with water
물로 얼굴을 헹구다

2 wet my face with water
물로 얼굴을 적시다

5 wipe my face with a towel
수건으로 얼굴의 물기를 닦다

3 clean my face with soap
비누로 얼굴을 씻다

6 put lotion on my face
얼굴에 로션을 바르다

A 그림에 맞는 표현을 써 보세요.

wet 적시다

turn on/off
_____
_____

_____
with water

_____
with soap

rinse
_____

_____
with a towel

put lotion
_____

B 세수할 때 하는 일을 순서대로 말해 보세요.

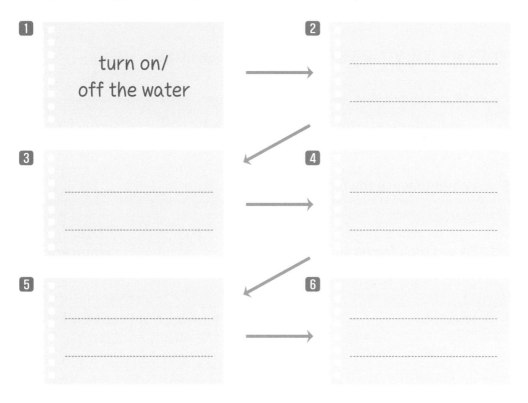

1 turn on/ off the water

2

3

4

5

6

C 주어진 뜻에 맞게 빈칸을 채워 보세요. 🔊 MP3-006

1 I _____ before I wet my face.

나는 얼굴을 적시기 전에 물을 틀어요.

2 I _____ before I scrub my face.

나는 얼굴을 문지르기 전에 얼굴을 적셔요.

| scrub 문지르다

3 I _____ after I wet my face.

나는 얼굴을 적신 다음에 비누로 얼굴을 씻어요.

4 I _____ after I clean my face.

나는 얼굴을 씻은 후에 물로 얼굴을 헹궈요.

5 I _____ after I rinse my face.

나는 얼굴을 헹군 후에 수건으로 얼굴을 닦아요.

6 I _____ as I look in the mirror.

나는 거울을 보면서 얼굴에 로션을 발라요.

A 빈칸에 알맞은 말을 찾아 넣고 말해 보세요. 🔊 MP3-**007_01~04**

> **put lotion on your face / turn the water off / wipe my face**

1 A: I need to wash my face.

얼굴 좀 씻어야겠어.

B: Okay. Don't forget to _____ when you're done.

좋아. 끝나면 물 잠그는 거 잊지 마.

2 A: I need to _____ with a towel, but I can't find any towels.

수건으로 얼굴을 닦아야 하는데 수건을 찾을 수가 없어요.

B: Look in the cupboard. Don't forget to _____.

욕실장 안을 봐. 얼굴에 로션 바르는 거 잊지 마.

| cupboard 찬장, 벽장

> **looking in the mirror / wet your face with water**
> **clean off my makeup**

3 A: How do I _____?

화장을 어떻게 닦아야 하지?

B: First, _____, and clean it with

a makeup remover. 먼저 물로 얼굴을 적시고 화장 제거제로 씻어내.

4 A: Why are you _____?

왜 거울을 보고 있어?

B: Because I want to put lotion on my face.

왜냐하면 얼굴에 로션을 바르고 싶기 때문이에요.

MP3를 듣고 빈칸에 알맞은 말을 넣어보세요. 🔊 MP3-008

1 First, I _____.

먼저 나는 물을 틀어요.

2 Then I _____.

그리고 나서 물로 얼굴을 적셔요.

3 I grab some soap and gently _____.

비누를 잡고 그것을 가지고 얼굴을 부드럽게 닦아요.

> grab 잡다
> gently 부드럽게

4 After that, I _____ with water until it's clean.

그 다음에 깨끗해질 때까지 얼굴을 물로 헹궈요.

5 When it is clean, I _____.

얼굴이 깨끗해지면, 부드러운 수건으로 얼굴을 닦아요.

6 Finally, I _____ and pat my face with my hands.

마지막으로 얼굴에 로션을 바르고 손으로 얼굴을 가볍게 톡톡 두드려요.

> pat 토닥거리다

C 그림을 보고 나의 일상을 영어로 표현해 보세요.

How do you wash your face?

Day 03 아침 먹기

다음 표현을 익혀 보세요.

◀)) MP3-009

1 set the table
식탁을 차리다

2 drink a glass of water
물 한 잔을 마시다

3 use chopsticks[a spoon/a fork]
젓가락[숟가락/포크]를 사용하다

4 eat breakfast
아침을 먹다

5 clean off the table
식탁을 치우다

6 wash the dishes
설거지를 하다

A 그림에 맞는 표현을 써 보세요.

_____
the table

drink
_____

use
_____

_____
breakfast

_____
the table

wash
_____

B 아침을 먹을 때 하는 일을 순서대로 말해 보세요.

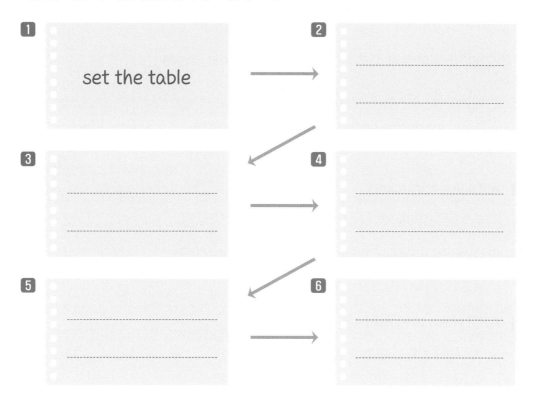

1. set the table

C 주어진 뜻에 맞게 빈칸을 채워 보세요. 🔊 MP3-010

1 I _____ when I eat breakfast.

나는 아침을 먹을 때 식탁을 차려요.

2 I _____ before I start eating breakfast.

나는 아침 식사를 하기 전에 물을 한 잔 마셔요.

3 I _____ when I eat breakfast.

나는 아침을 먹을 때 젓가락을 사용해요.

4 I also _____ and _____ when I eat breakfast.

나는 아침을 먹을 때 숟가락과 포크도 사용해요.

5 I _____ after I eat breakfast.

나는 아침을 먹고 나서 식탁을 치워요.

6 I _____ after I clean off the table.

나는 식탁을 치우고 나서 설거지를 해요.

Practice

A 빈칸에 알맞은 말을 찾아 넣고 말해 보세요. 🔊 MP3-011_01~04

> **wash the dishes / clean off the table / eat breakfast**

1 A: Olivia, come and _____.

올리비아, 와서 아침 먹어.

B: Okay, but I need to drink a glass of water first.

알겠어요, 그런데 저 물 한 잔 먼저 마셔야겠어요.

2 A: I'll wash the dishes if you can _____.

네가 식탁을 치우면 내가 설거지를 할게.

B: Aren't you busy? I can _____ too!

너 바쁘지 않아? 나도 설거지할 수 있어.

> **use chopsticks or a fork / drinking a cup of / set the table**

3 A: Can you help me _____?

식탁 차리는 것 좀 도와줄래?

B: Okay! Do you want to _____?

네! 젓가락 쓰고 싶어요, 아니면 포크를 쓰고 싶어요?

4 A: When are you going to clean off the table?

너 식탁 언제 치울 거야?

B: Right after I finish _____ hot chocolate.

핫초콜릿 한 잔 다 마시고 나서 바로 할게요.

> right after ~한 다음에 바로
> a cup of 한 잔의

18

B MP3를 듣고 빈칸에 알맞은 말을 넣어보세요. 🔊 MP3-012

1 I help my mom _____.

나는 엄마가 식탁 차리는 것을 도와드려요.

2 When breakfast is ready, I _____.

아침 식사가 준비되면 나는 먹기 시작해요.

3 Mostly I _____ when I _____.

나는 아침을 먹을 때 주로 젓가락을 사용해요.

> mostly 주로

4 But sometimes I _____.

하지만 가끔 포크와 숟가락을 사용해요.

5 I _____ my mom at home.

나는 집에서 엄마를 도와드리는 걸 즐겨요.

6 I _____ after we finish eating.

나는 음식을 다 먹은 후에 식탁을 치워요.

> finish -ing
> ~하는 것을 끝내다

7 I also _____ after we finish eating.

나는 또 음식을 다 먹은 후에 그릇을 모두 설거지해요.

C 그림을 보고 나의 일상을 영어로 표현해 보세요.

What do you do at breakfast time?

다음 표현을 익혀 보세요.

◀)) MP3-013

1 **squeeze the toothpaste out**
치약을 짜다

4 **rinse my mouth with water**
물로 입을 헹구다

2 **put the toothpaste on the toothbrush**
치약을 칫솔에 묻히다

5 **wash the toothbrush**
칫솔을 닦다

3 **brush my teeth back and forth**
이를 앞뒤로 닦다

6 **put the toothbrush back in the toothbrush holder**
칫솔을 다시 칫솔꽂이에 두다

A 그림에 맞는 표현을 써 보세요.

_____

the toothpaste out

put the toothpaste

_____

_____

back and forth

rinse

_____

_____

the toothbrush

put the toothbrush back

_____

B 이를 닦을 때 하는 일을 순서대로 말해 보세요

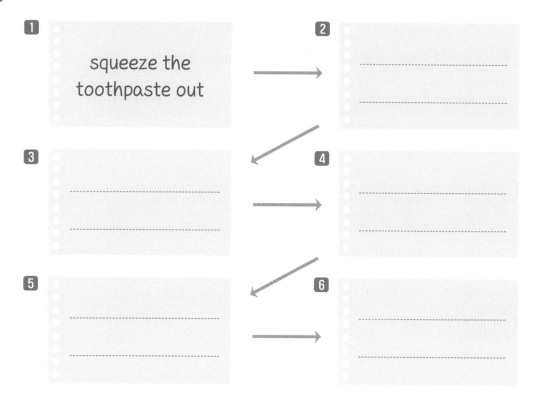

1 squeeze the toothpaste out

2

3

4

5

6

C 주어진 뜻에 맞게 빈칸을 채워 보세요. ◀》 MP3-014

1 I _____ from the end of the tube.

나는 치약을 튜브 끝에서부터 짜요.

2 I _____ after I squeeze the toothpaste out.

나는 치약을 짜고 나서 치약을 칫솔에 묻혀요.

3 I _____ before I rinse my mouth with water.

나는 물로 입을 헹구기 전에 이를 앞뒤로 닦아요.

4 I _____ after I brush my teeth.

나는 이를 닦은 후 물로 입을 헹궈요.

5 I _____ after I rinse my mouth with water.

나는 물로 입을 헹구고 나서 칫솔을 닦아요.

6 I _____ after I wash it.

나는 칫솔을 닦은 다음에 칫솔을 다시 칫솔꽂이에 둬요.

Practice

A 빈칸에 알맞은 말을 찾아 넣고 말해 보세요. 🔊 MP3-015_01~04

| put the toothbrush back / rinsing my mouth / wash it |

1 A: Brush your teeth back and forth for three minutes.

이를 앞뒤로 3분 동안 닦아야 해.

B: I did that already . I'm _____ with water now.

다 했어요. 나 지금 물로 입을 헹구고 있어요.

2 A: Don't forget to _____ in the toothbrush holder!

칫솔을 다시 칫솔꽂이에 두는 거 까먹지 마!

B: Yes, I'll do that after I _____.

네, 칫솔을 닦고 나서 그렇게 할게요.

| brush my teeth / put the toothpaste on / squeeze from the end |

3 A: Can you _____ my toothbrush?

치약을 내 칫솔에 좀 묻혀 줄래?

B: Okay. Let me _____.

그래. 내가 끝에서부터 짜 줄게.

4 A: How many times do you rinse your mouth?

당신은 입을 몇 번 헹궈요?

B: I rinse my mouth with water five times after I _____.

나는 이를 닦고 나서 입을 물로 다섯 번 헹궈요.

22

1 First, I _____.

나는 먼저 치약을 짜요.

2 Then I _____.

그리고 나서 나는 치약을 내 칫솔에 묻혀요.

3 After that, I try to _____.

그 이후에 나는 이를 철저하게 닦으려 노력해요.

> thoroughly
> 철저하게

4 I _____, and back and forth

for three minutes.   나는 위아래와 앞뒤로 3분 동안 이를 닦아요.

5 Then I _____ with water several times.

그리고 나서 나는 물로 입을 여러 번 헹궈요.

6 After all of that, I _____ and shake the water off.

모든 게 끝나면, 나는 칫솔을 씻고 물기를 털어내요.

> shake ~ off
> 흔들어서 털어내다

7 Finally, I _____ in the toothbrush holder.

마지막으로, 나는 칫솔을 다시 칫솔꽂이에 둡니다.

C 그림을 보고 나의 일상을 영어로 표현해 보세요.

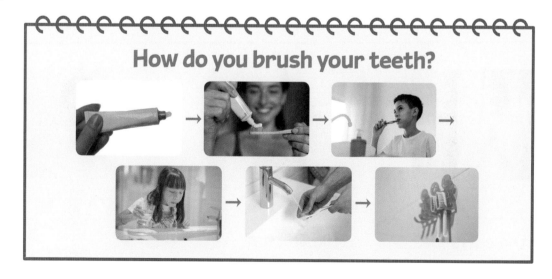

다음 표현을 익혀 보세요.

🔊 MP3-017

1 pick a shirt out of the closet
옷장에서 셔츠를 고르다

4 button up the cuffs
소매 단추를 채우다

2 put the arms through the sleeves
소매로 팔을 넣다

5 roll up the sleeves if it's hot
더울 때는 소매를 걷다

3 do the front buttons up
앞쪽 단추를 채우다

6 straighten the collar
칼라를 세우다

A 그림에 맞는 표현을 써 보세요.

pick a shirt

through the sleeves

do

the cuffs

if it's hot

straighten

B 상의를 입을 때 하는 일을 순서대로 말해 보세요.

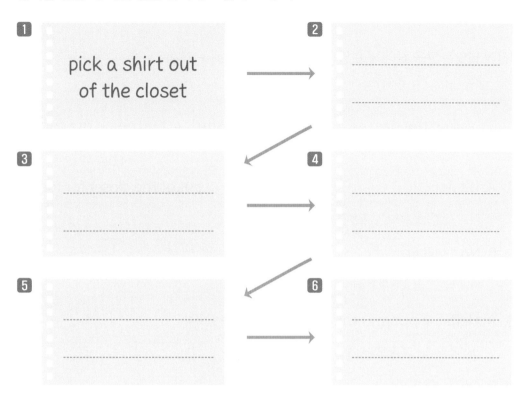

1. pick a shirt out of the closet
2.
3.
4.
5.
6.

C 주어진 뜻에 맞게 빈칸을 채워 보세요. 🔊 MP3-018

1. When I get ready to go out, I _____.
   나는 외출 준비를 할 때 옷장에서 셔츠를 골라요. | go out 외출하다

2. I _____ when I put on my shirt.
   나는 셔츠를 입을 때 소매로 팔을 넣어요.

3. I _____ after I put my arms through the sleeves.
   나는 소매로 팔을 넣고 나서 앞쪽 단추를 채워요.

4. I _____ after I do the front buttons up.
   나는 앞쪽 단추를 채우고 나서 소매 단추를 채워요.

5. I _____.
   더울 때 나는 소매를 걷어요.

6. I _____ after I button up the cuffs.
   나는 소매 단추를 채우고 나서 칼라를 세워요.

Practice

빈칸에 알맞은 말을 찾아 넣고 말해 보세요. 🔊 MP3-019_01~04

---

roll up the sleeves / pick a summer shirt / button up the cuffs

---

1 A: It's hot. _____ out of the closet for today.

더워. 오늘은 옷장에서 여름용 셔츠를 골라.

B: No, I will just _____.

아니, 나는 그냥 소매를 걷을래.

2 A: Help me put my arms through the sleeves.

소매에 팔 넣는 것 좀 도와주세요.

B: Okay, I'll help you _____, too.

알았어, 소매 단추 채우는 것도 도와줄게.

---

get dressed / straighten the collar / put your arms through

---

3 A: Could you help me _____?

옷 입는 것 좀 도와줄 수 있을까요?

| zip up 지퍼를 올리다

B: Sure, just _____ the sleeves, and I'll zip up

the back for you. 물론이에요. 소매에 팔을 넣으시면 제가 뒤쪽 지퍼를 올려 드릴게요.

4 A: How can I _____ like yours?

너처럼 칼라를 세우려면 어떻게 해?

B: I'll show you how, but you need to button up the cuffs first.

내가 너한테 어떻게 하는지 보여줄게. 근데 소매 단추를 먼저 채워야겠다.

MP3를 듣고 빈칸에 알맞은 말을 넣어보세요. 🔊 MP3-020

1 First, I _____.

나는 먼저 옷장에서 셔츠를 골라요.

2 Then I undo the buttons and _____.

그러고 나서 버튼을 풀고 소매로 팔을 넣어요. | undo 풀다

3 After that, I _____ from the top to the bottom.

그 다음에 앞쪽 단추를 위에서 아래로 채워요.

4 I _____ and straighten the sleeves.

나는 소매 단추를 채우고 나서 소매를 쫙 펴요. | unbutton 단추를 풀다

5 When the weather is hot, I unbutton the cuffs and _____.

날씨가 더울 땐 소매 단추를 풀고 소매를 걷어요.

6 Finally, I look in the mirror and _____.

마지막으로, 거울을 보면서 칼라를 세워요.

C 그림을 보고 나의 일상을 영어로 표현해 보세요.

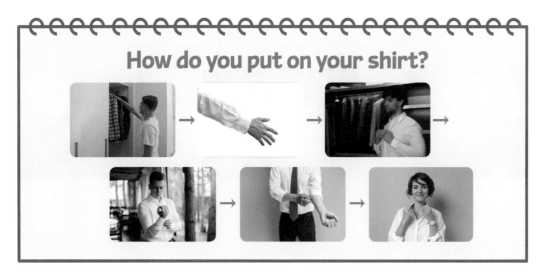

How do you put on your shirt?

다음 표현을 익혀 보세요.

◀》MP3-021

1 **select a pair of pants**
바지를 고르다

4 **tuck the shirt into the pants**
셔츠를 바지에 넣다

2 **put my legs into the pants**
바지에 다리를 넣다

5 **zip up the zipper and button the pants**
지퍼를 올리고 바지 단추를 채우다

3 **pull up the pants**
바지를 끌어 올리다

6 **put the belt on**
벨트를 메다

A 그림에 맞는 표현을 써 보세요.

select
_____

into the pants

the pants

_____
into the pants

zip up the zipper and

put

B 하의를 입을 때 하는 일을 순서대로 말해 보세요.

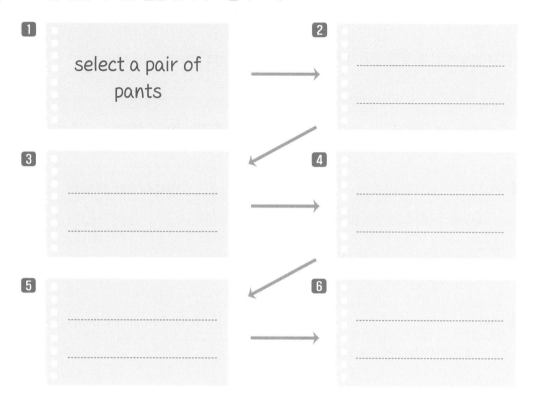

1. select a pair of pants
2. ----------
3. ----------
4. ----------
5. ----------
6. ----------

C 주어진 뜻에 맞게 빈칸을 채워 보세요. 🔊 MP3-022 | matching 어울리는

1. After I put on a shirt, I ----------.
   나는 셔츠를 입고 나서 어울리는 바지를 골라요.

2. After I select a pair of pants, I ----------.
   나는 바지를 고르고 나서 바지에 다리를 넣어요.

3. After I put my legs into the pants, I ----------.
   나는 다리를 바지에 넣고 나서 바지를 끌어 올려요.

4. I ---------- before I zip up the zipper.
   나는 지퍼를 올리기 전에 셔츠를 바지에 넣어요.

5. I ----------
   after I tuck the shirt in. 나는 셔츠를 바지에 넣은 다음에 지퍼를 올리고 바지 단추를 채워요.

6. I ---------- and get ready to go out.
   나는 벨트를 메고 나갈 준비를 해요.

Practice

A 빈칸에 알맞은 말을 찾아 넣고 말해 보세요. 🔊 MP3-023_01~04

---

tucked the shirt into / selected a pair of matching pants / zip them up

---

1 A: I _____ out of the closet.

옷장에서 어울리는 바지를 골랐어요.

B: Try another pair. They don't match your top.

다른 바지 골라 봐. 그건 네 상의하고 안 어울려.

2 A: I _____ my pants but I can't zip up the zipper.

셔츠를 바지에 넣었는데 지퍼를 올릴 수가 없어요.

B: Then button them first and try to _____.

그러면 단추를 먼저 채우고 지퍼를 올려 봐.

---

pull your pants up / pick out another belt / put my belt on

---

3 A: Do you think you can _____? They look very tight.

너 바지 올릴 수 있을 것 같아? 엄청 작아 보이는데.

B: No, I can't even put my legs into the pants!

아니, 바지에 다리도 안 들어가!

4 A: Where is my black belt? I need to _____.

내 검은색 벨트 어디 있어요? 벨트 메야 하는데요.

B: You lost it last week. _____.

너 지난 주에 그 벨트 잃어버렸잖아. 다른 벨트 골라 봐.

| pick out 선택하다 |

30

MP3를 듣고 빈칸에 알맞은 말을 넣어보세요. 🔊 MP3-**024**

1 First I look around and _____ in my closet.

먼저 나는 둘러보고 옷장에서 바지를 하나 골라요.

| look around 둘러보다

2 Then I get the pair out and _____.

그러고 나서 바지를 한 벌 꺼내고 바지에 다리를 넣어요.

3 After that I _____ before I tuck my shirt in.

그 후에 셔츠를 바지에 넣기 전에 바지를 끌어 올려요.

4 Once I _____, I _____.

셔츠를 바지에 넣으면 나는 지퍼를 올려요.

5 Then I _____ and select a belt.

그러고 나서 단추를 채우고 벨트를 골라요.

6 Finally, I _____ and look in the mirror.

마지막으로 벨트를 메고 거울을 봐요.

그림을 보고 나의 일상을 영어로 표현해 보세요.

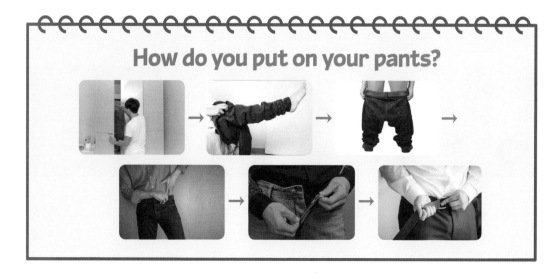

How do you put on your pants?

07 등교 준비

다음 표현을 익혀 보세요.

🔊 MP3-025

1 check the homework
숙제를 확인하다

4 get dressed
옷을 입다

2 check the school supplies
준비물을 확인하다

5 comb my hair
머리를 빗다

3 pack my backpack
가방을 싸다

6 pick up the backpack
가방을 들다

A 그림에 맞는 표현을 써 보세요.

pick up 들어 올리다, 집다

check

----
the school supplies

pack

----
dressed

----
my hair

pick up

32

B 등교 준비를 할 때 하는 일을 순서대로 말해 보세요.

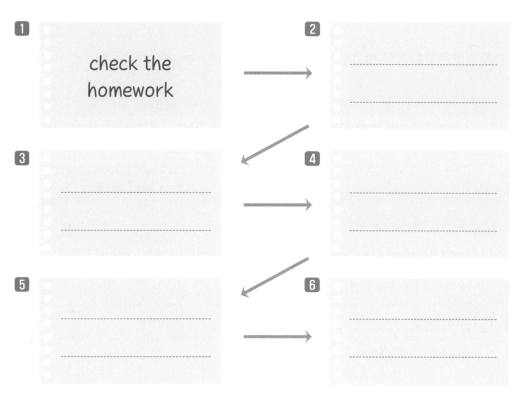

1 check the homework

2

3

4

5

6

C 주어진 뜻에 맞게 빈칸을 채워 보세요. 🔊 MP3-026

1 Before I go to school, I _____.

나는 학교 가기 전에 숙제를 확인해요.

2 I _____ after I check my homework.

나는 숙제를 확인하고 나서 준비물을 확인해요.

3 I _____ before I get dressed.

나는 옷을 입기 전에 가방을 싸요.

4 I _____ after I pack my backpack.

나는 가방을 싸고 나서 옷을 입어요.

5 I _____ after I get dressed.

나는 옷을 입고 나서 머리를 빗어요.

6 I _____ and walk out of the house.

나는 가방을 들고 집 밖으로 나가요.

Practice

A 빈칸에 알맞은 말을 찾아 넣고 말해 보세요. 🔊 MP3-027_01~04

---

check your homework / comb your hair / getting dressed

---

1 A: I'll _____ in ten minutes.

10분 후에 숙제를 확인할 거야.

B: Don't worry. I checked it myself and my school supplies too.

걱정 마세요. 제가 직접 확인했고 준비물도 확인했어요.

2 A: I finished _____, Mom!

엄마, 나 옷 다 입었어요!

B: Good job. Don't forget to _____.

착하구나. 머리 빗는 거 잊지 말고.

---

picked it up / pack your backpack / lose your backpack

---

3 A: Did you _____?   너 가방 다 쌌니?

B: Of course. I packed my textbooks, notebooks, and school supplies for today.

그럼요. 오늘 필요한 교과서, 공책, 그리고 학교 준비물도 다 챙겼어요.

4 A: How did you _____?

가방을 어떻게 잃어버린 거야?

| lose 잃어버리다 |

B: I _____ from school and then went to the shop. After that, I don't remember.

학교에서 들고 나온 다음 가게에 갔어요. 그 다음에는 기억이 안 나요.

B MP3를 듣고 빈칸에 알맞은 말을 넣어보세요. 🔊 MP3-028

1 First, I _____.
먼저 나는 숙제를 확인해요.

2 Then I _____ with my mom.
그런 다음 나는 엄마하고 학교 준비물을 확인해요.

3 And then, I _____ and double-check my school supplies.
그리고 나서 나는 가방을 싸고 학교 준비물을 다시 확인해요.

4 I _____ quickly after I finish packing my backpack.
나는 가방을 다 챙기고 나면 옷을 재빨리 입어요.

5 After I get dressed, I _____.
옷을 입은 다음에 나는 머리를 빗어요.

6 Finally, I _____ and leave the house.
마지막으로 가방을 들고 집을 나서요.

| leave 떠나다

C 그림을 보고 나의 일상을 영어로 표현해 보세요.

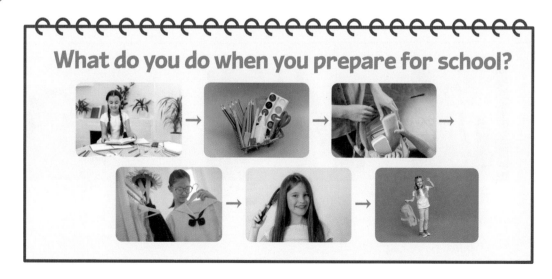

What do you do when you prepare for school?

08 집 나서기

다음 표현을 익혀 보세요.

🔊 MP3-029

1 turn off the light
불을 끄다

2 check the weather
날씨를 확인하다

3 say goodbye to my parents and pets
부모님과 반려동물들에게 인사하다

4 open the door
문을 열다

5 walk out the door
문 밖으로 나가다

6 shut the door
문을 닫다

A 그림에 맞는 표현을 써 보세요.

_____
the light

_____
check
_____

_____
to my parents and pets

_____
the door

_____
walk
_____

_____
the door

B 집을 나설 때 하는 일을 순서대로 말해 보세요.

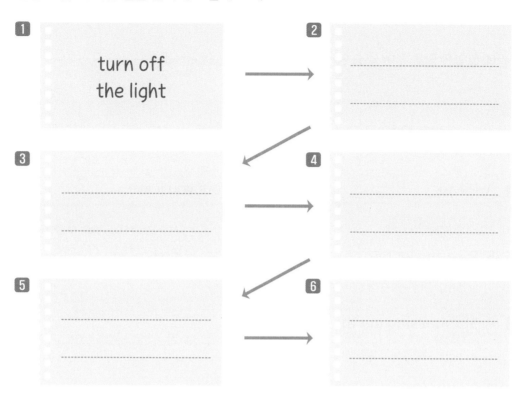

1
turn off
the light

2

3

4

5

6

C 주어진 뜻에 맞게 빈칸을 채워 보세요. 🔊 MP3-030

1 I _____ when I leave my house.

나는 집을 나갈 때 불을 꺼요.

2 I look out the big window in the living room and _____.

나는 거실에 있는 큰 창문으로 밖을 내다보고 날씨를 확인해요.

3 I _____ before I open the door.

나는 문을 열기 전에 부모님과 반려동물들에게 인사를 해요.

4 I _____ after I say goodbye to my family.

나는 가족들에게 인사를 하고 문을 열어요.

5 I _____ and turn around before I shut the door.

나는 문을 닫기 전에 문 밖으로 나가 돌아서요.

6 I _____ and I go to school.

나는 문을 닫고 학교에 가요.

Practice

A 빈칸에 알맞은 말을 찾아 넣고 말해 보세요. 🔊 MP3-031_01~04

---

say goodbye to / check the weather / turn off the lights

---

1 A: Please _____ before you leave.

나가기 전에 불 꺼 줘.

B: Sure, but let me _____ first.

알았어요, 근데 날씨 먼저 확인하고요.

2 A: Stop walking out the door!

문 밖으로 나가지 말고 멈춰 봐!

B: Right! I forgot to _____ my pets.

맞다! 반려동물한테 인사하는 걸 깜박했네요.

---

shut the door / open the door / ran out the door

---

3 A: Can you _____ for me? My hands are full.

내 대신에 문 좀 열어 줄래요? 손이 비지 않아서요.

B: Of course. I'll _____ for you too.

그럼 되고 말고. 내가 문도 닫아 줄게.

| full 가득한

4 A: Who forgot to shut the door? Our dog _____.

누가 문 닫는 거 깜박했지? 우리 강아지가 문밖으로 달려 나갔어.

B: Sorry I forgot to shut it. Let me go out and look for her.

죄송해요. 제가 문 닫는 걸 깜박했어요. 제가 나가서 그 애를 찾아볼게요.

| look for ~을 찾다

38

B MP3를 듣고 빈칸에 알맞은 말을 넣어보세요. 🔊 MP3-032

1 When I leave my house, I first _____.

나는 집을 나갈 때 먼저 불을 꺼요.

2 Then, I _____ on my phone.

그리고 나서 휴대전화로 날씨를 확인해요.

3 After that, I _____.

그 후에 나는 부모님께 인사를 해요.

4 When I _____, I always look back and see my puppy.

문을 열 때 나는 항상 뒤를 돌아보고 우리 강아지를 봐요.

5 My puppy follows me when I _____.

내가 문밖으로 나갈 때 우리 강아지가 나를 따라와요.

6 I put my dog back in the house and _____ quickly.

나는 강아지를 집 안으로 다시 들여놓고 재빨리 문을 닫아요.

C 그림을 보고 나의 일상을 영어로 표현해 보세요.

09 길 건너기

다음 표현을 익혀 보세요.

🔊 MP3-033

1 stop at the crosswalk
건널목에 서다

4 check the road
도로를 확인하다

2 wait at the sidewalk
인도에서 기다리다

5 cross the road
길을 건너다

3 wait until the traffic lights change
신호가 바뀌기를 기다리다

6 look left and right
좌우를 살피다

A 그림에 맞는 표현을 써 보세요.

the crosswalk

at the sidewalk

wait until

the road

cross

look

B 길을 건널 때 하는 일을 순서대로 말해 보세요.

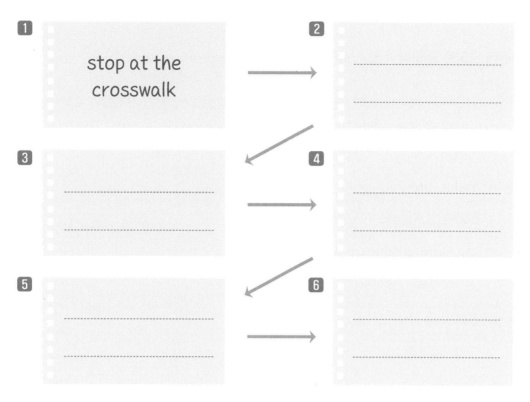

1. stop at the crosswalk
2.
3.
4.
5.
6.

C 주어진 뜻에 맞게 빈칸을 채워 보세요. 🔊 MP3-034

1. I _____ on the way to school.
   나는 학교 가는 길에 건널목에 서요.

2. I _____ until the traffic light turns green.
   신호등이 녹색으로 바뀔 때까지 나는 인도에서 기다려요.

3. I _____.
   나는 신호가 바뀌기를 기다려요.

4. I _____ before I cross the road.
   나는 길을 건너기 전에 도로를 확인해요.

5. I _____ after I check it.
   나는 확인한 다음에 길을 건너요.

6. When I move to the other side of the road, I _____.
   길 건너편으로 건너갈 때 나는 좌우를 살펴요.

Practice

빈칸에 알맞은 말을 찾아 넣고 말해 보세요. 🔊 MP3-035_01~04

---

wait at the sidewalk / stop at the crosswalk / cross the road

---

1 A: Make sure you _____.

건널목에서는 서야 하는 거 꼭 명심해.

B: Absolutely! Safety comes first. I always _____.

당연하죠! 안전이 제일이잖아요. 저는 항상 인도에서 기다려요.

2 A: Can you check the road?

도로를 확인해 줄 수 있어?

B: It's safe, let's _____.

안전해. 길 건너자.

---

look left and right / cross the road / wait until the traffic lights change

---

3 A: Do we have to _____ here?

우리 여기서 길 건너야 해요?

B: Yes, _____ before you cross!

맞아, 길 건널 때 좌우를 살피고!

4 A: How long do we _____?

우리는 신호가 바뀔 때까지 얼마나 오래 기다려야 해?

B: They will change soon. Just wait at the sidewalk.

신호는 곧 바뀔 거야. 그냥 인도에서 기다려.

MP3를 듣고 빈칸에 알맞은 말을 넣어보세요. 🔊 MP3-036

1 First, I _____.

먼저 나는 건널목에 서요.

2 I look around and wait _____.

나는 주위를 돌아보면서 신호가 바뀔 때까지 기다려요.

3 When the light turns green, I _____.

신호등이 초록불로 바뀌면, 나는 길을 확인해요.

4 The cars stop. Then I carefully _____.

차들이 멈춰요. 그러면 나는 조심해서 보도에서 내려와요.

| step off ~에서 내리다

5 I start to _____.

나는 길을 건너기 시작해요.

6 I _____ while I cross it.

나는 길을 건너는 동안에 좌우를 살펴요.

C 그림을 보고 나의 일상을 영어로 표현해 보세요.

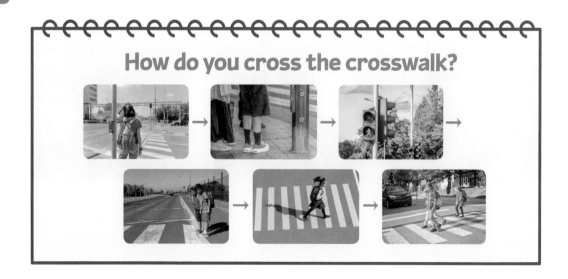

How do you cross the crosswalk?

10 버스 타기

🔊 MP3-037

다음 표현을 익혀 보세요.

1 check the bus schedule
버스 시간을 확인하다

2 wait for the bus at the bus stop
버스 정류장에서 버스를 기다리다

3 get on the bus carefully
조심해서 버스에 타다

4 swipe the bus card on the machine
버스 카드를 단말기에 읽히다

5 press the bell one stop before my stop
한 정거장 전에 벨을 누르다

6 get off the bus
버스에서 내리다

A 그림에 맞는 표현을 써 보세요.

swipe 인식기에 카드를 대다[읽히다]

check
_____

_____
at the bus stop

_____
the bus carefully

_____
on the machine

_____
one stop before my stop

_____
the bus

44

B 버스 탈 때 하는 일을 순서대로 말해 보세요.

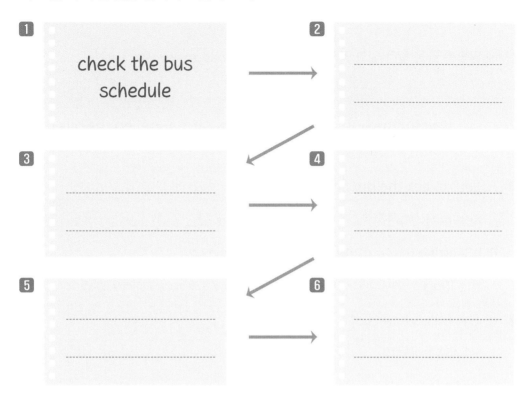

1 check the bus schedule → 2 _____

3 _____ ← 4 _____

5 _____ ← 6 _____

C 주어진 뜻에 맞게 빈칸을 채워 보세요. 🔊 MP3-038

1 When I arrive at the bus stop, I _____.
나는 버스 정류장에 도착하면 버스 시간을 확인해요.

2 I _____ after I check the schedule.
나는 버스 시간을 확인한 후에 버스 정류장에서 버스를 기다려요.

3 When the bus arrives at the bus stop, I _____.
버스기 정류장에 도착히면 조심해서 버스에 타요.

4 I _____ as I get on the bus.
나는 버스를 타면서 단말기에 버스 카드를 대요.

5 I _____ and get ready to get off the bus.   나는 한 정거장 전에 벨을 누르고 버스에서 내릴 준비를 해요.

6 I _____ when the bus stops moving.
버스가 멈추면 나는 버스에서 내려요.

Practice

A 빈칸에 알맞은 말을 찾아 넣고 말해 보세요. 🔊 MP3-039_01~04

---

wait for the bus / swipe your bus card / get on the bus

---

1 A: Let's check the bus schedule first.

먼저 버스 시간 확인하자.

B: It'll arrive in ten minutes. We don't have to ‑‑‑‑‑‑‑‑‑‑‑‑‑‑‑‑‑‑‑‑‑‑‑‑‑‑

too long.   10분 후에 버스가 도착할 거야. 우리는 너무 오래 버스를 기다리지 않아도 돼.

2 A: The bus is here. Let's ‑‑‑‑‑‑‑‑‑‑‑‑‑‑‑‑‑‑‑‑‑‑‑‑‑‑‑‑‑‑ .

버스 왔다. 버스에 타자.

B: Don't forget to ‑‑‑‑‑‑‑‑‑‑‑‑‑‑‑‑‑‑‑‑‑‑‑‑‑‑ on the machine for two.

버스 카드 단말기에 댈 때 두 명 결재하는 거 까먹지 마.

---

is running late / check the bus schedule / press the bell

---

3 A: Did you ‑‑‑‑‑‑‑‑‑‑‑‑‑‑‑‑‑‑‑‑‑‑‑‑‑‑‑‑‑‑ ?

버스 시간 확인했어?

B: Yes, I did. The bus ‑‑‑‑‑‑‑‑‑‑‑‑‑‑‑‑‑‑‑‑‑‑‑‑ today.

응, 했어. 오늘은 버스가 늦어지네.

4 A: When do we ‑‑‑‑‑‑‑‑‑‑‑‑‑‑‑‑‑‑‑‑‑‑ ?

우리 언제 벨을 눌러야 해?

B: Press the bell one stop before our stop.

한 정거장 전에 벨을 눌러.

B MP3를 듣고 빈칸에 알맞은 말을 넣어보세요. 🔊 MP3-040

1 I first _____ on the screen.

나는 먼저 화면에서 버스 시간을 확인해요.

2 Then, I _____ on the bench at the bus stop.

나는 버스 정류장에 있는 벤치에 앉아서 버스를 기다려요.

3 When the bus arrives, I carefully _____.

버스가 도착하면 나는 조심해서 버스에 타요.

4 As I get on the bus, I _____.

나는 버스에 타면서 단말기에 버스 카드를 대요.

5 I find and _____ an open _____.

나는 빈자리를 찾아서 앉아요.

> take a seat
> 자리에 앉다

6 I _____.

나는 한 정거장 전에 벨을 눌러요.

7 I _____ after it stops completely.

버스가 완전히 멈춘 다음에 버스에서 내려요.

C 그림을 보고 나의 일상을 영어로 표현해 보세요.

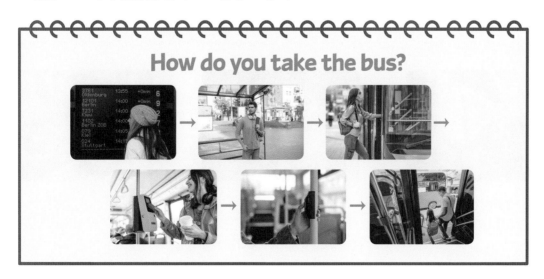

How do you take the bus?

11 지하철 타기

다음 표현을 익혀 보세요.

🔊 MP3-041

1 go through the subway ticket gate
지하철 개찰구를 통과하다

4 get on the subway
지하철을 타다

2 check the signs and find the way
표지판을 확인하고 길을 찾다

5 listen to the announcement
안내 방송을 듣다

3 wait at the platform for the train
승강장에서 지하철을 기다리다

6 get off the subway
지하철에서 내리다

A 그림에 맞는 표현을 써 보세요.

ticket gate

check the signs

for the train

get on

the announcement

get off

지하철 탈 때 하는 일을 순서대로 말해 보세요.

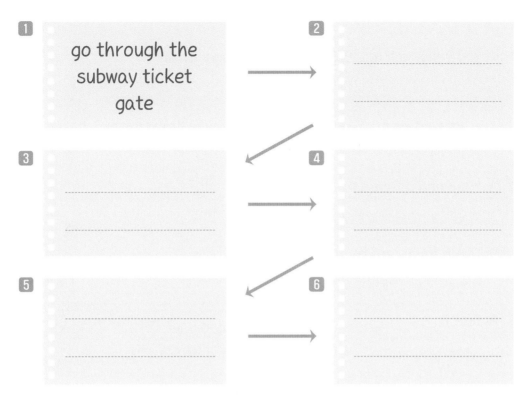

1. go through the
subway ticket
gate

2.

3.

4.

5.

6.

C 주어진 뜻에 맞게 빈칸을 채워 보세요. 🔊 MP3-042

1. I _____ when I arrive
at the subway station. 나는 지하철역에 도착하면 지하철 개찰구를 통과해요.

2. I _____ after I go through the gate.
나는 개찰구를 지나고 나서 표지판을 확인하고 길을 찾아요.

3. I _____ before the train arrives.
나는 열차가 도착하기 전에 승강장에서 기다려요.

4. I _____ after the train door opens.
나는 지하철 문이 열린 후에 지하철에 타요.

5. I _____ before I get off at my stop.
나는 정류장에서 내리기 전에 안내 방송을 들어요.

6. I _____ after it arrives at my stop.
지하철이 정류장에 도착하면 나는 지하철에서 내려요.

Practice

빈칸에 알맞은 말을 찾아 넣고 말해 보세요. 🔊 MP3-043_01~04

---

am waiting at / go through the subway ticket gate / get on

---

1 A: You need a T-card to _____ .

지하철 개찰구를 통과하려면 T카드가 필요해.

B: This is my T-card but it is not working.

이게 내 T카드인데 작동이 안 돼.

> work 작동하다

2 A: Sue, I _____ the platform. Let me know

when you arrive.   수, 나 승강장에서 기다리고 있어. 도착하면 알려줘.

B: Okay. I'll try not to be late. Let's _____ the subway together.

알았어. 늦지 않게 가도록 해 볼게. 지하철 같이 타자.

---

check the signs / getting off the train / listen to the announcement

---

3 A: Can you _____ ?

표지판을 확인해 줄래?

B: Hang on. I think we need to go this way.

잠깐만 기다려. 이쪽으로 가야 할 것 같아.

> Hang on. 잠깐만 기다려.

4 A: When are we _____ ?

우리 언제 지하철에서 내려?

B: I'm not sure. Let's _____ carefully _____ .

나도 잘 모르겠어. 안내 방송 잘 들어 보자.

B MP3를 듣고 빈칸에 알맞은 말을 넣어보세요. 🔊 MP3-044

1 First, I _____.

먼저 나는 지하철 개찰구를 통과해요.

2 Then I _____ and _____ to my platform.

그 다음에 표지판을 확인하고 내 승강장으로 가는 길을 찾아요.

3 I _____ as I sit on the bench.

나는 벤치에 앉아서 승강장에서 열차를 기다려요.

> arrive 도착하다

4 The train _____, and the train door opens.

열차가 도착하고 열차 문이 열려요.

5 The passengers _____ and I _____.

승객들이 내리고 나는 지하철에 타요.

6 I carefully _____ and prepare to get off.

나는 주의 깊게 안내 방송을 듣고 내릴 준비를 해요.

7 Finally, I _____ when the announcement says the name of my stop.   마지막으로 안내 방송에 내 정류장 이름이 나오면 나는 지하철에서 내려요.

C 그림을 보고 나의 일상을 영어로 표현해 보세요.

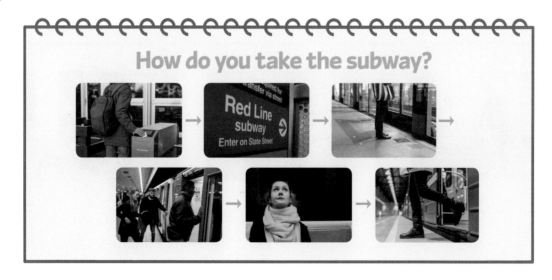

How do you take the subway?

다음 표현을 익혀 보세요.

🔊 MP3-**045**

1 unlock the bike
자전거 잠금 장치를 풀다

2 put on the helmet
헬멧을 쓰다

3 get on the bike
자전거에 타다

4 start to pedal and coast
페달을 밟기 시작하고 (동력을 쓰지 않고) 나아가다

5 shift gears
기어를 바꾸다

6 slow down and get off the bike
속도를 늦추고 자전거에서 내리다

A 그림에 맞는 표현을 써 보세요.

----

the bike

put on

get on

start to

----

gears

----

and get off the bike

B 자전거 탈 때 하는 일을 순서대로 말해 보세요.

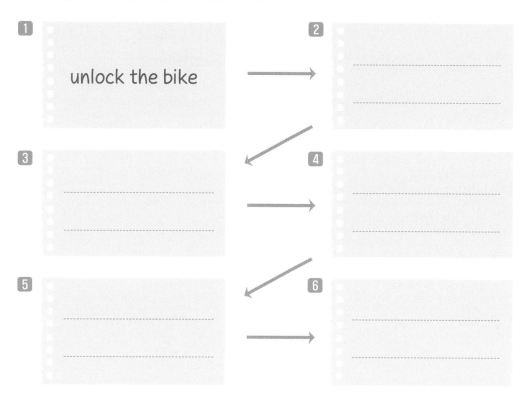

1 | unlock the bike
2 |
3 |
4 |
5 |
6 |

C 주어진 뜻에 맞게 빈칸을 채워 보세요. ◀» MP3-046

1 I get to the bike rack and _____.

나는 자전거 거치대에 가서 내 자전거의 잠금 장치를 풀어요.

2 I _____ after I unlock my bike.

나는 자전거 잠금 장치를 풀고 나서 헬멧을 써요.

3 I _____ after I flip up the bike kickstand.

나는 자전거 받침다리를 올린 다음에 자전거에 타요.

> kickstand 받침다리
> flip up 올리다

4 I _____ after I get on my bike.

나는 자전거에 올라탄 후 페달을 밟기 시작하고 (동력을 쓰지 않고) 나아가요.

5 I _____ when I need to speed up or slow down.

나는 속도를 내거나 늦춰야 할 때 기어를 바꿔요.

6 I _____ when I arrive at my destination.

나는 목적지에 도착하면 속도를 늦추고 자전거에서 내려요.

Practice

빈칸에 알맞은 말을 찾아 넣고 말해 보세요. 🔊 MP3-047_01~04

> **unlock your bike / get on the bike / is too high**

1 A: Put on the helmet before you _____ .

자전거에 타기 전에 헬멧부터 써.

B: Hold on. Let me unlock my bike first.

좀 기다려. 자전거 잠금 장치부터 먼저 풀게.

2 A: My bike seat _____ . I can't get on my bike.

내 자전거 안장이 너무 높아. 자전거를 못 타겠어.

B: I'll lower the seat for you. Just _____ first.

내가 대신 안장을 낮춰 줄게. 일단 먼저 자전거 잠금 장치를 풀어 봐.

> **get off the bike / shift gears / start to pedal and coast**

3 A: Get on the bike and _____ .

자전거에 타 그리고 페달 밟기 를 시작하고 (동력을 쓰지 않고) 나아가봐.

B: It is not that easy! Can anyone teach me how to ride a bike properly?

그렇게 쉽지가 않다고! 누군가 제대로 자전거 타는 법을 가르쳐줄 수 있을까?

4 A: How can I shift the gears? I want to _____ .

어떻게 기어를 바꿔? 나 내리고 싶어.

B: You don't need to _____ . Just brake.

기어 바꿀 필요 없어. 그냥 브레이크를 잡아.

MP3를 듣고 빈칸에 알맞은 말을 넣어보세요. 🔊 MP3-048

1 First, I go to my bike at the bike rack and _____.

먼저 자전거 거치대에 있는 내 자전거로 가서 자전거 잠금 장치를 풀어요.

2 I _____ and adjust the strap.

나는 헬멧을 쓰고 줄을 조정해요.

adjust 조정하다
strap 끈

3 After that, I flip up the bike kickstand and _____.

그 다음에 나는 자전거 받침다리를 올리고 자전거에 올라타요.

4 I _____ as I look around.

나는 주위를 살피면서 페달을 밟기 시작하고 (동력을 쓰지 않고) 나아가요.

5 I _____ when I have to speed up.

나는 속도를 높여야 할 때 기어를 바꿔요.

6 Finally, I _____ when I get to

the destination. 마지막으로 나는 목적지에 도착하면 속도를 늦추고 자전거에서 내려요.

destination 목적지

C 그림을 보고 나의 일상을 영어로 표현해 보세요.

How do you ride a bike?

MP3-049

다음 표현을 익혀 보세요.

1 greet the teacher
선생님께 인사하다

4 take notes
메모하다

2 get the textbooks out
교과서를 꺼내다

5 ask questions
질문하다

3 listen to the teacher
선생님 말씀을 듣다

6 answer the questions
대답하다

A 그림에 맞는 표현을 써 보세요.

----

the teacher

----

the textbooks out

listen to

take

----

questions

answer

B 수업 들을 때 하는 일을 순서대로 말해 보세요.

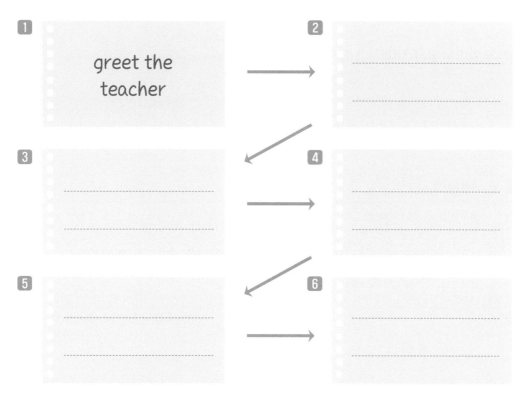

1
greet the
teacher

2
_____
_____

3
_____
_____

4
_____
_____

5
_____
_____

6
_____
_____

C 주어진 뜻에 맞게 빈칸을 채워 보세요. ◀》 MP3-050

1 I _____ when the class starts.

수업이 시작할 때 나는 선생님께 인사를 해요.

2 I _____ after I greet my teacher.

선생님께 인사를 드린 다음에 나는 교과서를 꺼내요.

3 I pay attention and I _____ carefully.

나는 집중하고 선생님 말씀을 주의 깊게 들어요.

4 I listen to my teacher and _____.

나는 선생님 말씀을 듣고 필기를 해요.

5 I _____ when I don't understand things.

내가 이해가 안 가는 것이 있을 때 질문을 해요.

6 I _____ when my teacher asks me.

선생님이 나한테 질문을 하면 대답을 해요.

Practice

A 빈칸에 알맞은 말을 찾아 넣고 말해 보세요. ◀)) MP3-051_01~04

---

listen to your teacher / take notes / get your textbooks out

---

1 A: Alright, _____.

좋아요, 교과서를 꺼내세요.

B: Um, I left my textbook at home. Can I share with someone?

음, 저는 교과서를 집에 두고 왔어요. 누군가와 같이 볼 수 있을까요?

2 A: _____ carefully and take notes.

선생님 말씀 잘 듣고 필기 잘해.

B: It's difficult to _____ and listen to the teacher

at the same time.   필기를 하면서 동시에 선생님 말씀을 듣는 게 어려워요.

---

ask questions / finish explaining / greet the teacher

---

3 A: May I _____ now?

선생님께 지금 인사드려도 될까요?

B: Of course, go ahead and say hello before class starts.

물론이에요, 수업 시작 전에 어서 인사하세요.

4 A: When can I _____?

제가 언제 질문드려도 될까요?

B: Please wait until I _____.

설명이 끝날 때까지 기다려 주세요.

B MP3를 듣고 빈칸에 알맞은 말을 넣어보세요. 🔊 MP3-052

1 When the class starts, we _____ first.
수업이 시작되면 우리는 먼저 선생님께 인사를 해요.

2 Then we _____ from the desk drawer.
그리고 나서 우리는 책상 서랍에서 교과서를 꺼내요.

> desk drawer 책상 서랍

3 We _____ carefully _____ during the class.
우리는 수업 시간에 선생님 말씀을 잘 들어요.

4 We also _____ during the class.
우리는 또한 수업 시간에 필기를 해요.

5 We sometimes _____ when we don't understand things.
우리는 가끔 이해가 안 될 때 질문을 해요.

6 We also _____ when our teacher asks us.
선생님이 우리에게 질문을 하면 우리도 대답을 해요.

C 그림을 보고 나의 일상을 영어로 표현해 보세요.

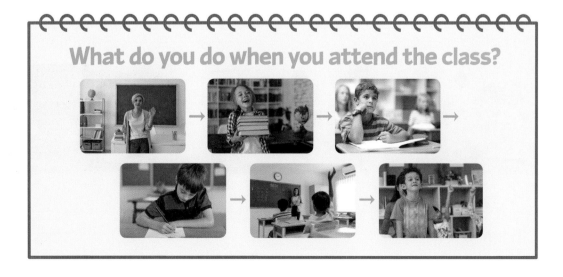

What do you do when you attend the class?

14 쉬는 시간

다음 표현을 익혀 보세요.

🔊 MP3-053

1 hear the bell ring
종 소리가 들리다

4 chat with friends
친구들과 수다를 떨다

2 put the textbooks away
교과서를 (라커 등에) 넣어 치우다

5 play a board game
보드 게임을 하다

3 have snacks with friends
친구들과 간식을 먹다

6 read comic books
만화책을 읽다

A 그림에 맞는 표현을 써 보세요.

_____

the bell ring

_____

the textbooks away

have

_____

_____

friends

play

_____

_____

comic books

B 쉬는 시간에 하는 일을 순서대로 말해 보세요.

1 hear the bell ring → **2**

3 ← **4**

5 ← **6**

C 주어진 뜻에 맞게 빈칸을 채워 보세요. 🔊 MP3-054

1 I _____ when the class ends.

수업이 끝날 때면 나는 종소리를 들어요.

2 I _____ and prepare for the next class.

나는 교과서를 치우고 다음 수업을 준비해요.

3 I _____ when I get hungry.

나는 배가 고플 때면 친구들과 간식을 먹어요.

4 I _____ while I have snacks with them.

나는 친구들과 간식을 먹으면서 그들과 수다를 떨어요.

5 I sometimes _____ or chat with friends.

나는 가끔 친구들과 보드 게임을 하거나 수다를 떨기도 해요.

6 I often _____ or webtoons.

나는 종종 만화책이나 웹툰을 읽어요.

Practice

MP3-055_01~04

A 빈칸에 알맞은 말을 찾아 넣고 말해 보세요.

---

read my comic books / play a board game / have snacks with me

---

1 A: Let's _____.

우리 보드 게임 하자.

B: Sure, after that we can _____ together.

좋아, 그러고 나서 우리 같이 내 만화책을 읽자.

2 A: I've been studying all day.

나는 하루 종일 공부하고 있었어.

B: Put the textbooks away and _____ instead.

교과서 치우고 대신 나와 같이 간식 먹자.

---

put my textbooks away / hear the bell ring / have snacks with

---

3 A: Did you _____?

종 울리는 거 들었어?

B: Yeah, it's time to _____. Class is over.

응, 이제 교과서를 치울 시간이야. 수업 끝났어.

4 A: Would you like to _____ me?

나랑 같이 간식 먹을래?

B: That sounds great! What snacks do you have in mind?

좋아! 무슨 간식 생각하고 있어?

> have ~ in mind
> ~을 생각해 두다

B MP3를 듣고 빈칸에 알맞은 말을 넣어보세요. 🔊 MP3-056

1 My break starts when I _____.
종이 울리는 소리가 들리면 나의 쉬는 시간이 시작돼요.

2 I _____ and prepare for the next class.
나는 교과서를 치우고 다음 수업을 준비해요.

3 Then I quickly _____.
그리고 나서 나는 친구들과 빨리 간식을 먹어요.

4 I _____ while I have snacks.
나는 간식을 먹으면서 친구들과 수다를 떨어요.

5 Sometimes, I _____ or sports with my friends.
가끔은 친구들과 보드 게임이나 운동을 해요.

6 When I am bored, I often _____ or webtoons.
나는 지루할 때는 종종 만화책이나 웹툰을 읽어요.

| bored 지루한 |

C 그림을 보고 나의 일상을 영어로 표현해 보세요.

What do you do during break time?

다음 표현을 익혀 보세요.

◀)) MP3-057

1 change into gym clothes
체육복으로 갈아입다

4 follow the teacher's directions
선생님의 지시 사항을 따르다

2 go to the gym
체육관에 가다

5 use the equipment properly
체육용품을 올바르게 사용하다

3 hear the whistle
호루라기 소리를 듣다

6 tidy up the gym
체육관을 정리하다

A 그림에 맞는 표현을 써 보세요.

gym clothes

to the gym

hear

follow

use

the gym

B 체육 시간에 하는 일을 순서대로 말해 보세요.

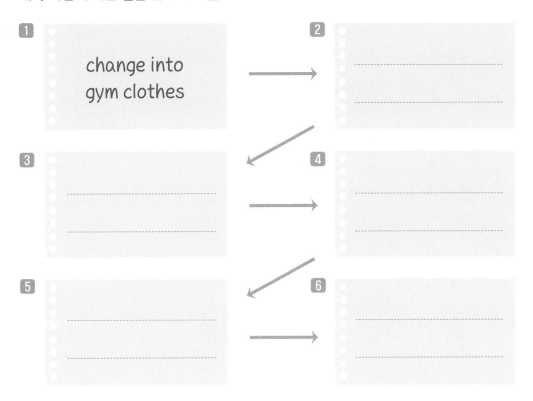

1. change into gym clothes
2.
3.
4.
5.
6.

C 주어진 뜻에 맞게 빈칸을 채워 보세요. 🔊 MP3-058

1. I _____ before I go to the gym.
   체육관으로 가기 전에 나는 체육복으로 갈아입어요.

2. I _____ with my classmates.
   나는 학급 친구들과 체육관으로 가요.

3. I _____ when I get to the gym.
   체육관에 도착할 때 호루라기 소리가 들려요.

4. I hear the whistle and _____.
   나는 호루라기 소리를 듣고 선생님의 지시 사항을 따라요.

5. I _____ for safety.
   나는 안전을 위해 체육용품을 올바르게 사용해요.

6. I _____ at the end of my PE class.
   나는 체육 수업이 끝날 때쯤 체육관을 정리해요.

Practice

A 빈칸에 알맞은 말을 찾아 넣고 말해 보세요. ◀ MP3-059_01~04

> **am changing into / use the equipment properly / hear the whistle**

1 A: Hurry, I can _____!

서둘러, 호루라기 소리가 들려!

B: Hang on. I _____ my gym clothes.

잠깐 기다려. 나 체육복으로 갈아입고 있어.

2 A: It is important to _____.

장비를 올바르게 사용하는 것이 중요해요.

B: Got it, I'll follow your directions to use it safely.

알겠어요, 안전하게 사용하기 위해 지시를 따를게요.

> **give me directions / go to the gym / tidy up the gym**

3 A: Do you have spare gym clothes? I forgot mine.

너 체육복 남는 거 있어? 까먹고 안 가져왔어. | **spare** 여분의

B: Here you are. Change quickly and let's _____ together.

여기 있어. 빨리 갈아입고 같이 체육관으로 가자.

4 A: Who will help _____ after the game?

경기를 한 후에 누가 체육관 정리하는 거 도와줄래?

B: I can help. Just _____.

제가 도와드릴게요. 지시만 내려 주세요.

MP3를 듣고 빈칸에 알맞은 말을 넣어보세요. 🔊 MP3-060

1 First, I _____ for PE class.

먼저, 나는 체육 수업을 위해 체육복으로 갈아입어요.

2 Then, I quickly _____.

그런 다음, 나는 빨리 체육관으로 가요.

3 I often _____ when I arrive at the gym.

체육관에 도착할 때 종종 호루라기 소리를 들어요.

4 The teacher blows the whistle and _____.

선생님이 호루라기를 불고 지시를 내려요.

give directions
지시를 내리다

5 I _____ closely when I exercise.

운동을 할 때 나는 선생님의 지시를 잘 따라요.

6 I also _____ all _____ during the exercise.

나는 또한 운동하는 동안 모든 장비를 올바르게 사용해요.

7 Finally, the PE class ends and I _____ with my classmates.

마지막으로 체육 수업이 끝나고 나는 반 친구들과 체육관을 정리해요.

그림을 보고 나의 일상을 영어로 표현해 보세요.

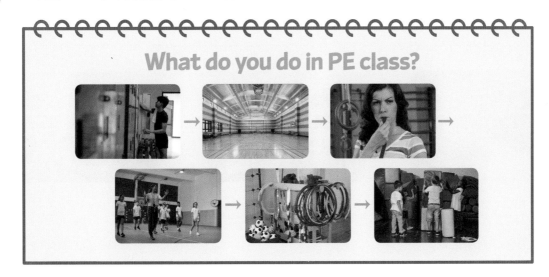

What do you do in PE class?

다음 표현을 익혀 보세요.

🔊 MP3-061

1 choose the theme
주제를 고르다

4 sketch the subject
대상을 스케치하다

2 prepare the materials
재료를 준비하다

5 color the drawing
그림을 색칠하다

3 take a good look at the subject
대상을 잘 살펴보다

6 retouch the picture
그림을 수정하다

A 그림에 맞는 표현을 써 보세요.

choose

the materials

take a good look

the subject

color

the picture

B 미술 시간에 하는 일을 순서대로 말해 보세요.

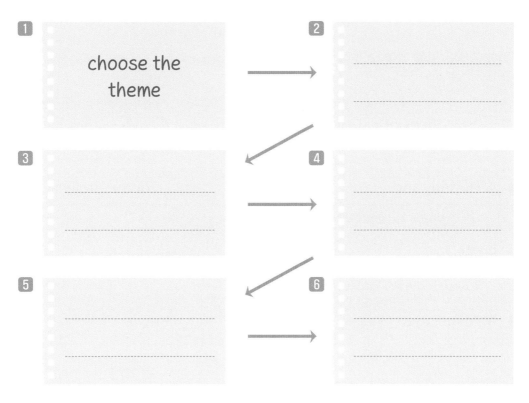

1. choose the theme
2.
3.
4.
5.
6.

C 주어진 뜻에 맞게 빈칸을 채워 보세요. 🔊 MP3-062

1. I _____ of the drawing for my art class.
   나는 미술 수업 시간에 그림을 그릴 주제를 골라요.

2. I _____ before I start drawing.
   나는 그림을 그리기 시작하기 전에 재료를 준비해요.

3. I _____ after I prepare the materials.
   나는 재료를 준비한 후에 대상을 잘 살펴봐요.

4. I _____ after I take a good look at it.
   나는 잘 살펴본 후에 대상을 스케치해요.

5. I _____ after I sketch the subject.
   나는 대상을 스케치하고 나서 그림을 색칠해요.

6. I _____ before I finish it.
   나는 그리기를 마치기 전에 그림을 수정해요.

Practice

빈칸에 알맞은 말을 찾아 넣고 말해 보세요. 🔊 MP3-063_01~04

---

prepare the materials / choose the theme / color the drawing

---

1 A: I'll study and _____ for our project.

나는 공부하고 우리 프로젝트의 주제를 정할 거야.

B: Okay, I'll _____ accordingly.

알았어, 나는 그에 맞춰 재료를 준비할게.

> accordingly 그에 맞춰

2 A: I'm going to _____ now.

나 이제 그림을 색칠할 거야.

B: Did you finish sketching the subject already?

너 벌써 대상을 다 스케치한 거야?

---

take a good look at / retouching the picture / sketching the subject

---

3 A: Can I start _____ now?

지금 대상을 스케치하기 시작해도 돼요?

B: You should _____ the subject first

before you start.   시작하기 전에 먼저 대상을 잘 관찰해야지.

4 A: What are you doing? Are you coloring the drawing?

뭐하는 거야? 그림을 색칠하는 거야?

B: No, I am _____.

아니, 그림을 수정하고 있어.

B MP3를 듣고 빈칸에 알맞은 말을 넣어보세요. 🔊 MP3-**064**

1 First, I _____ of the drawing.

첫 번째로, 나는 그림의 주제를 정해요.

2 Next, I _____ for the drawing.

다음으로, 그림에 필요한 재료를 준비해요.

3 I also prepare the subject for drawing and _____ close _____ in detail.   나는 또한 그릴 대상을 준비하고, 그리고 대상을 세세하게 잘 살펴봐요.

4 After that, I _____ with a pencil.

그러고 나서 연필로 대상을 스케치해요.

5 Then I start _____.

그 다음에 그림을 색칠하기 시작해요.

6 Finally, I _____ and complete it perfectly.

마지막으로, 그림을 수정을 하고 완벽하게 마무리해요.

> complete 마무리하다
> perfectly 완벽하게

C 그림을 보고 나의 일상을 영어로 표현해 보세요.

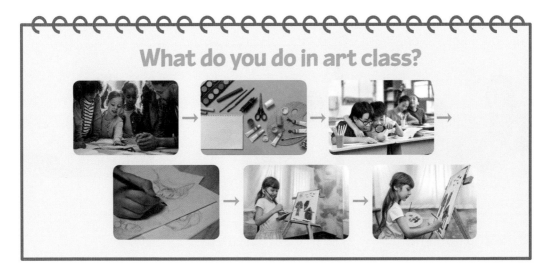

What do you do in art class?

17 발표 시간

다음 표현을 익혀 보세요.

🔊 MP3-065

1 choose a topic
주제를 정하다

4 make the presentation file
발표 파일을 만들다

2 research the topic
자료를 조사하다

5 practice the presentation
발표 연습을 하다

3 write the script for the presentation
발표를 위해 원고를 쓰다

6 give the presentation
발표를 하다

A 그림에 맞는 표현을 써 보세요.

choose

_____

research

_____

write the script

_____

_____

the presentation file

_____

the presentation

give

_____

B 영어 발표 시간에 하는 일을 순서대로 말해 보세요.

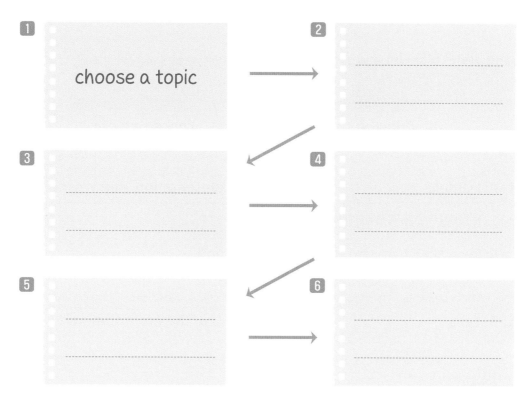

1. choose a topic
2. _____
3. _____
4. _____
5. _____
6. _____

C 주어진 뜻에 맞게 빈칸을 채워 보세요. 🔊 MP3-066

1. I _____ for my English presentation.
   나는 영어 발표를 위해서 주제를 정해요.

2. I _____ after I choose it.
   나는 주제를 정한 다음에 주제를 조사해요.

3. I _____ after I research the topic.   나는 주제를 조사한 다음에 발표를 위해서 원고를 써요.

4. I _____ after I write the script for it.
   나는 원고를 쓴 후 발표 파일을 만들어요.

5. I _____ after I make my presentation file.
   나는 발표 파일을 만들고 나서 발표 연습을 해요.

6. I _____ after I practice it a lot.
   나는 발표 연습을 많이 한 다음에 발표를 해요.

Practice

빈칸에 알맞은 말을 찾아 넣고 말해 보세요. ◀)) MP3-067_01~04

> ## write the script / research it / choose a topic

1 A: I should _____ for my presentation. Can you help me?

난 발표를 위해 주제를 골라야만 해. 나 좀 도와줄래?

B: Sure. I can help you choose the topic and _____, too.

그래. 내가 주제 정하는 것하고 주제 조사 것도 도와줄게.

2 A: Let's _____ for the presentation now.

이제 발표 원고를 쓰자.

B: Okay. Then let's make the presentation file, too.

좋아. 그러고 나서 발표 파일도 만들자.

> ## making the presentation file / practice the presentation
> ## give the presentation

3 A: Did you finish writing the script for your presentation?

너 발표 원고 쓰는 거 다 마친 거야?

B: Yes, I'm _____ now.

응, 지금 발표 파일을 만들고 있어.

4 A: When will you _____?

너 발표 언제 해?

B: Next week. I need to _____ more.

다음 주야. 나 발표 연습을 더 해야 해.

MP3를 듣고 빈칸에 알맞은 말을 넣어보세요. 🔊 MP3-068

1 First, I _____ for the presentation.

먼저, 발표를 위해서 주제를 정해요.

2 Next, I _____ on my computer.

다음으로 컴퓨터에서 주제를 조사해요.

3 Then I organize the research results and _____

_____. 그리고 나서 조사한 내용들을 정리한 다음 발표를 위해서 원고를 써요.

4 After that, I _____.

그 후에 발표 파일을 만들어요.

5 Then I _____ and memorize it.

그리고 나서 발표 연습을 하고 그것을 외워요. | memorize 외우다

6 Finally, I _____ and take questions about it.

마지막으로 발표를 하고 발표에 대해 질문을 받아요.

C 그림을 보고 나의 일상을 영어로 표현해 보세요.

18 점심 시간

다음 표현을 익혀 보세요.

🔊 MP3-069

1 **stand in line**
줄을 서다

4 **enjoy the meal**
식사를 즐기다

2 **put rice and side dishes on the tray**
밥과 반찬을 식판에 담다

5 **clear the dishes**
접시를 비우다

3 **take a seat**
자리에 앉다

6 **return the tray**
식판을 반납하다

A 그림에 맞는 표현을 써 보세요.

stand
_____

_____
on the tray

take
_____

_____
the meal

_____
the dishes

_____
the tray

B 점심 시간에 하는 일을 순서대로 말해 보세요.

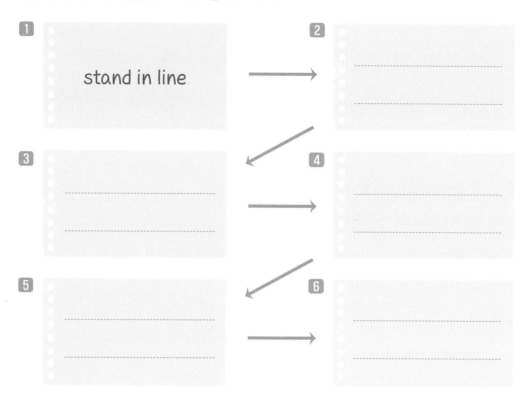

1. stand in line
2.
3.
4.
5.
6.

C 주어진 뜻에 맞게 빈칸을 채워 보세요. ◀)) MP3-070

1. I _____ in the cafeteria at lunch time.

   점심 시간에 나는 구내식당에서 줄을 서요.

2. I _____ when it's my turn.

   내 차례가 되면 식판에 밥과 반찬을 놓아요.

3. I _____ after I put rice and side dishes on the tray.

   나는 밥과 반찬을 식판에 담은 다음에 자리에 앉아요.

4. I _____ after I take a seat.

   나는 자리에 앉고 나서 맛있게 식사를 해요.

5. I _____ before I return the tray.

   나는 식판을 반납하기 전에 접시를 비워요.

6. I _____ and I leave the cafeteria.

   나는 식판을 반납하고 구내식당을 나가요.

Practice

빈칸에 알맞은 말을 찾아 넣고 말해 보세요. 🔊 MP3-071_01~04

---

enjoy your meal / clear the dishes / stand in line

---

1 A: Today's menu is chicken. We need to _____.

오늘 메뉴가 치킨이야. 우리 줄 서야겠다.

B: Chicken? I'm going to put a lot of chicken on the dish.

치킨? 치킨이면 접시에 많이 받아야지.

2 A: I hope you _____.

식사 맛있게 하세요.

B: Thank you! I'll _____ when I'm finished.

고맙습니다! 식사를 마치면 접시를 치울게요.

---

take a seat / return the tray / clear the dishes

---

3 A: Can you _____ while I stand in line?

내가 줄 서 있는 동안 앉아 있을래?

B: Sure, I'll find a table and wait for you.

그래, 테이블을 찾아서 너 기다릴게.

4 A: Where can I _____?

식판은 어디에 반납할 수 있어?

B: Over there. But you need to _____ first.

저쪽이야. 하지만 접시를 먼저 비워야 해.

78

B MP3를 듣고 빈칸에 알맞은 말을 넣어보세요. ◀») MP3-072

1 I _____ in the cafeteria.

나는 구내식당에서 줄을 서요.

2 I _____ when it's my turn.

내 차례가 되면 나는 밥과 반찬을 식판에 놓아요.

3 Next, I look for an empty table and I _____.

다음에 빈 테이블을 찾아서 자리에 앉아요.

| empty 비어 있는

4 Afterwards, I _____.

그 이후에 나는 식사를 즐겨요.

5 After I finish eating, I _____.

식사를 끝내고 난 다음에 접시를 비워요.

6 Finally, I _____ and leave the cafeteria.

마지막으로 식판을 반납하고 구내식당을 떠나요.

C 그림을 보고 나의 일상을 영어로 표현해 보세요.

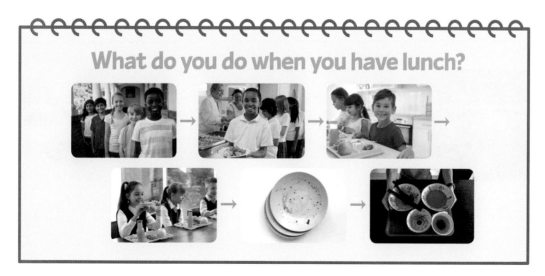

What do you do when you have lunch?

다음 표현을 익혀 보세요.

🔊 MP3-073

1 feel a little hungry
배가 약간 고프다

4 go to the checkout counter
계산대에 가다

2 go into the convenience store
편의점에 들어가다

5 ask for a straw
빨대를 요청하다

3 choose snacks and drinks
과자와 음료수를 고르다

6 pay for the snacks and drinks
과자와 음료수 값을 내다

A 그림에 맞는 표현을 써 보세요.

a little hungry

go into

snacks and drinks

go to

a straw

pay for

B 편의점에 갔을 때 하는 일을 순서대로 말해 보세요.

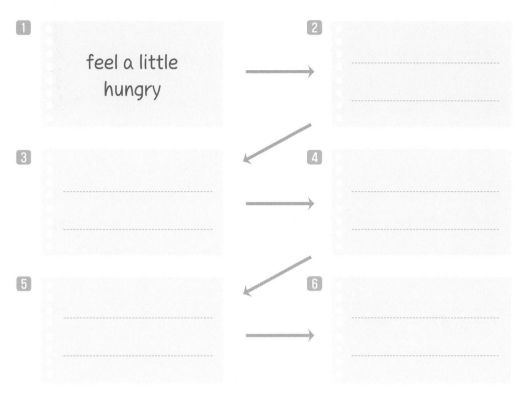

1 feel a little hungry

2

3

4

5

6

C 주어진 뜻에 맞게 빈칸을 채워 보세요. 🔊 MP3-**074**

1 I go to the convenience store when I _____.

배가 약간 고플 때 나는 편의점에 가요.

2 I _____ and choose snacks and drinks.

나는 편의점에 들어가서 과자와 음료수를 골라요.

3 I _____ before I go to the checkout counter.

나는 계산대에 가기 전에 과자와 음료수를 골라요.

4 I _____ after I choose snacks and drinks.

나는 과자와 음료수를 고른 다음에 계산대로 가요.

5 I _____ for my drinks when I get to the checkout counter.

계산대에 가서 나는 음료수에 쓸 빨대를 달라고 해요.

6 I _____, and I enjoy them.

나는 과자와 음료수 값을 내고 그것을 즐겨요.

Practice

빈칸에 알맞은 말을 찾아 넣고 말해 보세요. ◀》 MP3-075_01~04

---

go into / feel a little hungry / go to the checkout counter

---

1 A: I _____.

배가 약간 고프네.

B: Let's _____ that convenience store over there!

저쪽 편의점에 가자!

2 A: I will choose snacks and _____.

내가 과자를 골라서 계산대로 갈게.

B: Okay, then I will choose drinks.

알겠어, 그럼 난 음료수를 고를게.

---

pay for everything / choose / snacks and drinks / ask for straws

---

3 A: Can you _____ for the drinks?

음료수에 쓸 빨대 달라고 해 줄 수 있겠니?

B: I will after I _____.

모두 계산한 다음에 할게.

4 A: What _____ did you _____?

무슨 과자와 음료수를 골랐어?

B: I chose potato chips and a can of soda.

나는 감자칩하고 탄산음료 한 캔 골랐어.

B MP3를 듣고 빈칸에 알맞은 말을 넣어보세요. 🔊 MP3-076

1 I _____ when I _____.

나는 배가 고플 때 편의점에 들어가요.

2 Once I am inside, I first look around and _____.

안에 들어가면, 먼저 주변을 둘러보고 과자와 음료수를 골라요.

inside 안에

3 Then I _____ and find out the price.

그 다음에 계산대로 가서 가격을 알아봐요.

4 I also _____. for the drinks.

음료수용 빨대도 요청해요.

5 Once I have everything–straws, drinks, and snacks, I _____.

빨대, 음료수, 그리고 과자를 모두 챙기고 나면 카드를 꺼내요.

take out 꺼내다

6 Finally, I _____ and then leave the store.

마지막으로 나는 과자와 음료수 값을 내고 편의점을 나가요.

C 그림을 보고 나의 일상을 영어로 표현해 보세요.

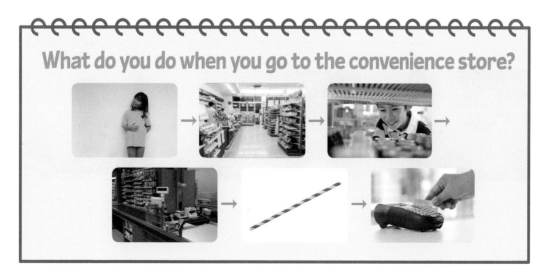

What do you do when you go to the convenience store?

20 온라인 게임 하기

MP3-077

다음 표현을 익혀 보세요.

1 start up the computer 컴퓨터를 켜다	**4 put on a headset** 헤드셋을 쓰다
2 log in to the computer 컴퓨터에 로그인을 하다	**5 play the game** 게임을 하다
3 choose a game 게임을 선택하다	**6 chat with other gamers** 다른 게이머들과 채팅을 하다

A 그림에 맞는 표현을 써 보세요.

_____

the computer

log
_____

_____

a game

put on
_____

_____

the game

chat with
_____

B 온라인 게임을 할 때 하는 일을 순서대로 말해 보세요.

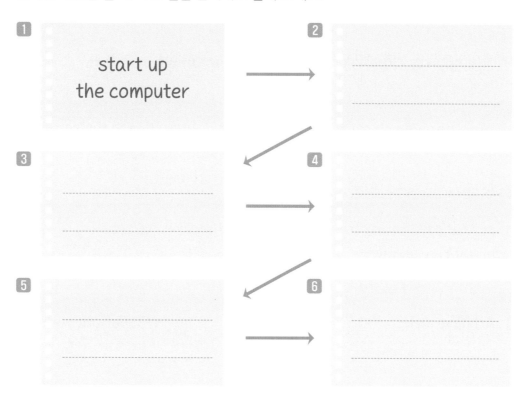

C 주어진 뜻에 맞게 빈칸을 채워 보세요. 🔊 MP3-078

1 I _____ when I want to play a game.

나는 게임을 하고 싶을 때 컴퓨터를 켜요.

2 I _____ after I start it up.

나는 컴퓨터를 켠 다음에 컴퓨터에 로그인을 해요.

3 I _____ while I browse the game app.

나는 게임 앱을 둘러보면서 게임을 선택해요.

4 I _____ after I choose a game.

나는 게임을 선택하고 나서 헤드셋을 써요.

5 I _____ after I put on a headset.

나는 헤드셋을 쓴 다음에 게임을 해요.

6 I _____. while I play the game.

나는 게임을 하는 동안 다른 게이머들과 채팅을 해요.

Practice

A 빈칸에 알맞은 말을 찾아 넣고 말해 보세요. 🔊 MP3-079_01~04

> **play the game / start up the computer / logged in to the computer**

1 A: Let's _____.

우리 게임하자.

B: Hold on, let me _____.

잠깐 기다려 봐, 나 컴퓨터 켤게.

2 A: I have just _____. What about you?

나 방금 컴퓨터에 로그인했어. 너는 어때?

B: Not yet. I am entering the password.

아직 안 했어. 비밀번호 입력하고 있어.

> **choose a game / put on your headset / chatting with them**

3 A: Did you _____ for us?

너 우리가 할 게임 골랐어?

B: Of course. _____ and then we can start playing.

물론이지. 헤드셋 써. 그래야 우리 게임 시작할 수 있어.

4 A: Who's online now? Can you see any famous gamers?

누가 지금 접속해 있어? 유명 게이머들 보여?

B: I see a lot of familiar names. Let's start _____.

익숙한 이름들이 많이 보여. 그 사람들하고 채팅 시작하자.

B MP3를 듣고 빈칸에 알맞은 말을 넣어보세요. 🔊 MP3-080

① First, I _____.
먼저 나는 컴퓨터를 켜요.

② Second, I enter my password and _____.
두 번째로 나는 비밀번호를 입력하고 컴퓨터에 로그인을 해요.

③ Third, I browse the game app and I _____.
세 번째로 나는 게임 앱을 둘러보고 게임을 골라요.

④ After that, I _____ and adjust the sound setting.
그러고 나서 나는 헤드셋을 쓰고 음량을 설정해요.

⑤ Then, I click on the start button and start _____.
그런 다음 시작 버튼을 클릭하고 게임을 하기 시작해요.

⑥ Sometimes, I invite other gamers and _____.
가끔 나는 다른 게이머들을 초대해서 그들과 채팅을 해요.

C 그림을 보고 나의 일상을 영어로 표현해 보세요.

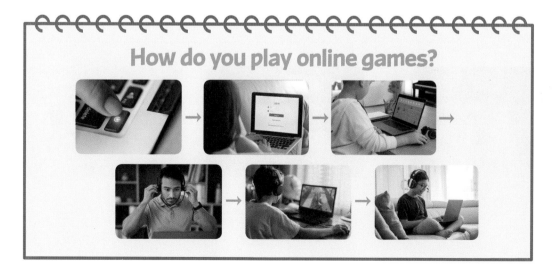

다음 표현을 익혀 보세요.

🔊 MP3-081

1 dress the dog
개에게 옷을 입히다

4 go for a walk
산책을 가다

2 put a leash on the dog
개에게 목줄을 매다

5 play fetch with the dog
개와 페치 놀이를 하다

3 prepare poop bags and water
배변 봉투와 물을 준비하다

6 bathe the dog
개를 목욕시키다

A 그림에 맞는 표현을 써 보세요.

> fetch
> 던진 물건 되물어 오기

dress
_____

_____
on the dog

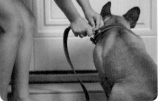

prepare
_____

go for
_____

_____
with the dog

_____
the dog

B 반려견을 돌볼 때 하는 일을 순서대로 말해 보세요.

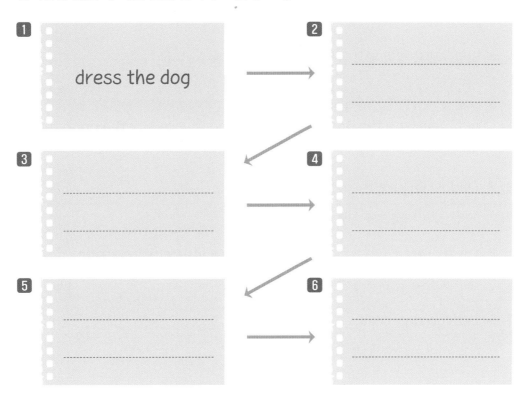

1 dress the dog

2

3

4

5

6

C 주어진 뜻에 맞게 빈칸을 채워 보세요. 🔊 MP3-082

1 I _____ when we go out for a walk.

나는 산책 나갈 때 강아지에게 옷을 입혀요.

2 I _____ after I dress her.

나는 강아지에게 옷을 입힌 다음 강아지에게 목줄을 매요.

3 I _____ before I walk out the door.

나는 문밖으로 나가기 전에 배변 봉투와 물을 준비해요.

4 I _____ with my dog after I prepare everything.

나는 준비를 다 마친 후에 강아지와 산책을 하러 가요.

5 I _____ in the dog-park.

나는 개 공원에서 강아지와 페치 놀이를 해요.

prepare 준비하다

6 I _____ after we come back from the walk.

산책에서 돌아온 후에 나는 강아지를 목욕시켜요.

Practice

빈칸에 알맞은 말을 찾아 넣고 말해 보세요. 🔊 MP3-083_01~04

---

put a leash on the dog / dress the dog / prepare the poop bags

1 A: Daddy! I'll take the dog out for a walk.

아빠! 저 강아지 데리고 나가 산책시킬 거예요.

B: You'd better _____. It's a little chilly outside.

강아지에게 옷을 입히는 게 좋겠다. 밖이 조금 쌀쌀해.

| chilly 쌀쌀한 |

2 A: Let's go out! I will _____!

밖에 나가자! 내가 강아지에게 목줄을 맬게!

B: Okay, I'll _____ and water, then.

알았어요. 저는 그럼 배변 봉투와 물을 준비할게요.

---

bathed her / take the dog for a walk / playing fetch with the dog

3 A: How about _____ at the park?

강아지와 공원에서 페치 놀이 하는 게 어때?

B: You read my mind! I've already prepared the fetch toy.

우리 통했네! 내가 이미 페치 장난감을 준비했어.

4 A: Did you _____?

너 강아지 산책시켰어?

| bathe 목욕시키다 |

B: Yes, I did. And I've already _____, too.

네, 시켰어요. 그리고 이미 목욕도 시켰어요.

B MP3를 듣고 빈칸에 알맞은 말을 넣어보세요. 🔊 MP3-084

1 I _____ when I go for a walk.

나는 산책하러 나갈 때 강아지한테 옷을 입혀요.

2 I _____ after I dress him.

강아지에게 옷을 입히고 나서 나는 강아지에게 목줄을 매요.

3 I also _____. 나는 배변 봉투와 물도 준비해요.

4 When I have prepared everything, we _____.

모든 준비를 마치면 우리는 산책을 가요.

5 I usually _____ for about two hours.

나는 보통 강아지와 두 시간 정도 산책을 해요.

6 I sometimes _____ when we get to the park.

공원에 도착하면 나는 가끔 강아지와 페치 놀이를 해요.

7 After we play, I _____. 놀이 후에 나는 집에 돌아가요.

> return home
> 집에 돌아가다

8 I take care of the poop bags and _____.

나는 배변 봉투를 처리하고 강아지를 목욕시켜요.

C 그림을 보고 나의 일상을 영어로 표현해 보세요.

How do you go for a walk with your dog?

다음 표현을 익혀 보세요.

🔊 MP3-**085**

1 **grab a shopping basket**
쇼핑 바구니를 집어 들다

4 **put the ice cream in the basket**
아이스크림을 바구니에 넣다

2 **look around the ice cream shop**
아이스크림 가게를 둘러보다

5 **scan the bar codes at the kiosk**
키오스크에서 바코드를 스캔하다

3 **select the ice cream**
아이스크림을 고르다

6 **pay with the credit card**
카드로 결제하다

A 그림에 맞는 표현을 써 보세요.

grab

the ice cream shop

select

in the basket

at the kiosk

pay with

92

B 무인 아이스크림 가게 갔을 때 하는 일을 순서대로 말해 보세요.

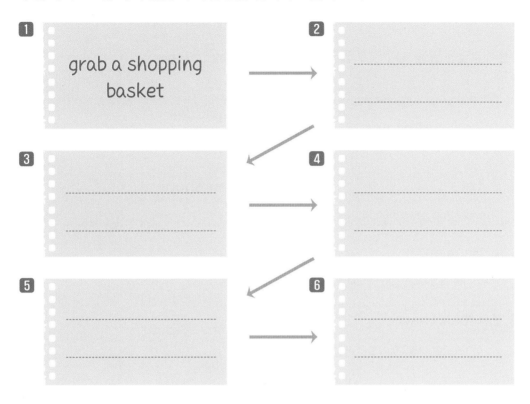

1 grab a shopping basket

2

3

4

5

6

C 주어진 뜻에 맞게 빈칸을 채워 보세요. 🔊 MP3-086

1 I go into the ice cream shop and _____.

나는 아이스크림 가게에 들어가서 쇼핑 바구니를 집어 들어요.

2 I _____ after I grab a shopping basket.

나는 쇼핑 바구니를 집어 들고 나서 아이스크림 가게를 둘러봐요.

3 I _____ after I look around the shop.

나는 가게를 둘러본 후에 아이스크림을 골라요.

4 I _____ after I select the ice cream.

나는 아이스크림을 고른 후에 아이스크림을 바구니에 넣어요.

5 I _____ one by one.

나는 키오스크에서 하나씩 바코드를 스캔해요.

6 I _____ once I scan all the bar codes.

나는 모든 바코드를 스캔한 후에 신용카드로 결제해요.

Practice

빈칸에 알맞은 말을 찾아 넣고 말해 보세요. ◀⑼ MP3-**087**_01~04

> **grab the shopping basket**
> **selected too much ice cream / look around**

1 A: Let's _____ the ice cream shop!

아이스크림 가게 둘러보자!

B: Hang on. _____ first!

잠깐만. 쇼핑 바구니 먼저 집어야지!

> Hang on.
> 잠깐만., 기다려.

2 A: I think I have _____.

아이스크림을 너무 많이 고른 거 같아.

B: It is okay. Just put them in the shopping basket.

괜찮아. 그냥 쇼핑 바구니에 넣어.

> **pay with my credit card / check the total price / scan the bar codes**

3 A: Do you want me to _____?

제가 제 신용카드로 계산할까요?

B: I'll pay. Just _____ at the kiosk.

제가 할게요. 키오스크에서 바코드만 스캔하세요.

4 A: How can I _____ easily?

어떻게 전체 가격을 쉽게 확인할 수 있을까?

B: You can scan them at the kiosk.

키오스크에서 스캔하면 돼.

B MP3를 듣고 빈칸에 알맞은 말을 넣어보세요. 🔊) MP3-**088**

1 I _____ first.

나는 먼저 쇼핑 바구니를 집어 들어요.

2 Then I _____ and look for my favorite ice cream.

그러고 나서 둘러보며 내가 좋아하는 아이스크림을 찾아요.

3 I _____ or sometimes select new brands.

나는 좋아하는 아이스크림을 고르거나 가끔은 새로 나온 제품들을 고르기도 해요.

4 I _____ all _____.

나는 쇼핑 바구니에 아이스크림을 모두 넣어요.

5 I _____ and choose

the payment method. 나는 키오스크에 바코드를 스캔하고 결제 방법을 골라요.

6 I get my wallet out and _____.

나는 지갑을 꺼내서 신용카드로 지불해요.

C 그림을 보고 나의 일상을 영어로 표현해 보세요.

How do you buy ice cream at a self-serve ice cream shop?

Day 23 병원 가기

다음 표현을 익혀 보세요.

🔊 MP3-089

1 feel sick
몸이 안 좋다

2 go to the clinic
병원에 가다

3 explain the symptoms to the doctor
증상을 의사에게 설명하다

4 get advice from the doctor
의사로부터 진단을 받다

5 get the prescription
처방전을 받다

6 pay the bill
돈을 내다

A 그림에 맞는 표현을 써 보세요.

> symptom 증상
> prescription 처방전

_____
sick

go to
_____

explain the symptoms
_____

_____
from the doctor

get
_____

pay
_____

96

병원에 갔을 때 하는 일을 순서대로 말해 보세요.

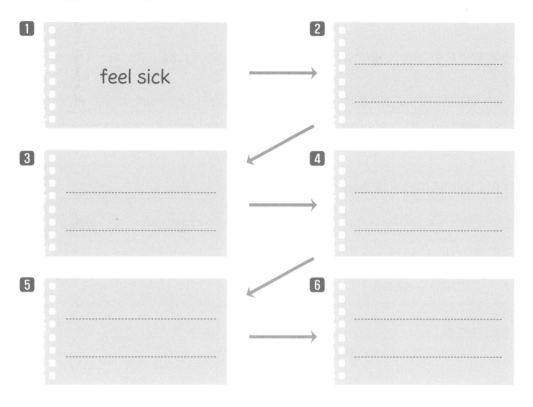

1 feel sick

C 주어진 뜻에 맞게 빈칸을 채워 보세요. 🔊 MP3-090

1 When I _____, I go to the clinic.

나는 몸이 안 좋을 때 병원에 가요.

2 I _____ and see the doctor.

나는 병원에 가서 의사에게 진찰을 받아요.

3 When I see the doctor, I _____.

나는 의사에게 진찰을 받을 때 증상을 의사에게 설명해요.

4 I _____ after I explain my symptoms.

나는 증상을 설명하고 나서 의사로부터 진단을 받아요.

5 I _____ at the information desk.

나는 안내 데스크에서 처방전을 받아요.

6 I _____ after I get the prescription.

나는 처방전을 받은 다음에 돈을 내요.

Practice

A 빈칸에 알맞은 말을 찾아 넣고 말해 보세요. 🔊 MP3-091_01~04

---

explain all your symptoms / go to the clinic / get some advice

---

1 A: I think I feel sick, Mom!

엄마, 나 아픈 거 같아요!

B: You don't look good! Let's _____.

너 얼굴이 안 좋네! 병원에 가자.

2 A: When you see the doctor, _____ in detail.

의사 선생님에게 진찰을 받을 때 모든 증상을 자세히 설명하렴.

B: Yes, I'll make sure to do that and then _____

from the doctor.   네, 꼭 그럴게요. 그리고 나서 의사 선생님한테 조언을 받을게요.

---

pay the bill / get the prescription / pick up the prescription

---

3 A: Did you _____?

처방전을 받으셨나요?

B: Yes, wait a minute. I'll get it out. Here you are.

네, 잠시만요. 꺼낼게요. 여기 있어요.

4 A: Did you _____?

처방전 받았나요?

B: No, but I will after I _____ at the clinic.

아니요. 하지만 병원에서 돈을 지불하고 나서 받을 거예요.

B MP3를 듣고 빈칸에 알맞은 말을 넣어보세요. 🔊 MP3-**092**

1 I _____ and wait until a nurse calls me.

병원에 들어가서 간호사가 나를 부를 때까지 기다려요.

2 Then I go into the doctor's office and _____

in detail.   그 후에 진찰실로 들어가서 내 증상을 상세히 설명해요.

3 I sometimes ask questions when the doctor _____.

의사로부터 진단을 받을 때 나는 가끔 질문을 해요.

4 The doctor _____.

의사는 모든 것을 상세히 설명해 줘요.

5 I leave the doctor's office and then _____.

나는 진찰실을 나와서 처방전을 받아요.

6 Finally, I _____ and go to the pharmacy.

마지막으로 나는 돈을 내고 약국에 가요.

C 그림을 보고 나의 일상을 영어로 표현해 보세요.

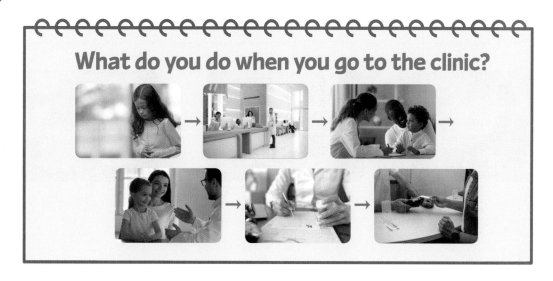

Day
24 도서관에서 책 빌리기

다음 표현을 익혀 보세요.

1 visit the library
도서관에 방문하다

2 search for the book on the computer
컴퓨터로 책을 검색하다

3 look for the book in the aisle
통로에서 책을 찾다

4 go to the self-checkout
무인 대출기로 가다

5 scan the library card
도서관 카드를 스캔하다

6 check out the book
책을 대출하다

A 그림에 맞는 표현을 써 보세요.

aisle 통로

the library

search for the book

in the aisle

go to

the library card

check out

B 도서관에서 책을 빌릴 때 하는 일을 순서대로 말해 보세요.

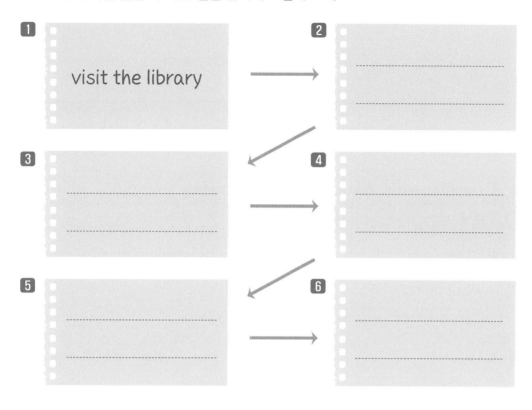

1 visit the library → 2

3 ← 4

5 ← 6

C 주어진 뜻에 맞게 빈칸을 채워 보세요. 🔊 MP3-094

1 I _____ when I want to read books.

나는 책을 읽고 싶을 때 도서관에 방문해요.

2 I _____ when I visit the library.

나는 도서관을 방문하면 컴퓨터로 책을 검색해요.

3 I _____ after I search for the book.

나는 책을 검색한 다음 (책상 사이) 통로에서 책을 찾아요.

4 I _____ if I find the book.

나는 책을 찾으면 무인 대출기로 가요.

5 I _____ at the self-checkout.

나는 무인 대출기에 도서관 카드를 스캔해요.

6 I _____ and leave the library.

나는 책을 대출하고 도서관을 떠나요.

Practice

빈칸에 알맞은 말을 찾아 넣고 말해 보세요. 🔊 MP3-095_01~04

---

visit the library / go to the self-checkout / look for

---

1 A: I want to read a history book. I'm going to _____.

나 역사책을 읽고 싶어. 나 도서관을 방문할 거야.

B: I'll join you. I'll _____ some science picture books while

we're there.

나도 같이 갈래. 우리 거기 있는 동안 나는 과학 그림책을 좀 찾을 거야.

2 A: I usually _____ because it's easy.

나는 보통 무인 대출기로 가. 왜냐하면 그것이 편하기 때문이야.

B: Yeah? I'll try the self-checkout next time.

그래? 다음에는 나도 무인 대출기를 시도해 봐야겠다.

---

check out this book / search for the book / scan your library card

---

3 A: Can you look for this book in the aisle for me?

나를 위해 통로에서 이 책 좀 찾아 줄래?

B: Why don't you _____ first on the computer?

일단 먼저 컴퓨터로 그 책을 검색해 보는 게 어때?

4 A: How can I _____?

이 책 어떻게 대출해요?

B: _____ and barcode of the book

with the scanner.   당신의 도서관 카드와 책의 바코드를 인식기에 스캔하세요.

B MP3를 듣고 빈칸에 알맞은 말을 넣어보세요. 🔊 MP3-096

1 I _____ first.

나는 먼저 컴퓨터로 책을 검색해요.

2 I can _____ of the book on the computer.

나는 컴퓨터에서 책의 위치를 알 수 있어요.

3 Once I have the location, I _____.

일단 위치를 찾으면, 나는 (책장 사이) 통로에서 책을 찾아요.

> location 위치

4 I find the book and _____.

나는 책을 찾고 무인 대출기로 가요.

5 I _____ the book on the _____ table.

나는 책을 무인 대출기 탁자에 놓아요.

6 I _____ and then scan the barcode of the book.

나는 내 도서관 카드를 스캔하고 나서 책의 바코드를 스캔해요.

7 Finally, I _____ and leave the library.

마지막으로 책을 대출하고 도서관을 나와요.

C 그림을 보고 나의 일상을 영어로 표현해 보세요.

Day 24 도서관에서 책 빌리기 **103**

25 TV 또는 영화 보기

다음 표현을 익혀 보세요.

🔊 MP3-097

1 make popcorn
팝콘을 만들다

4 choose a movie or a show
영화나 쇼를 고르다

2 turn on/off the TV
텔레비전을 켜다/끄다

5 turn up/down the volume
볼륨을 키우다/줄이다

3 flip through the channels
채널을 이리저리 돌리다

6 choose the subtitles
자막을 고르다

A 그림에 맞는 표현을 써 보세요.

popcorn

the TV

flip through

a movie

turn up/down

choose

B TV나 영화를 볼 때 하는 일을 순서대로 말해 보세요.

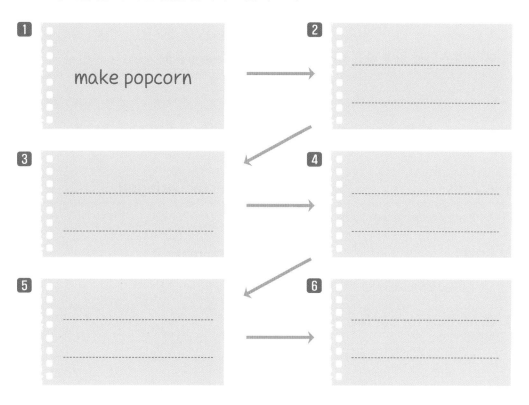

1. make popcorn

2.

3.

4.

5.

6.

C 주어진 뜻에 맞게 빈칸을 채워 보세요. 🔊 MP3-**098**

1. I _____ before I sit down and watch TV.

   나는 앉아서 텔레비전을 보기 전에 팝콘을 만들어요.

2. I _____ after I sit down with my popcorn.

   나는 팝콘을 가지고 앉은 후에 텔레비전을 켜요.

3. I _____ quickly on the TV.

   나는 텔레비전에서 채널을 이리저리 돌려요.

4. I _____ with my family.

   나는 가족과 함께 TV 프로그램을 선택해요.

5. I _____ when the volume is too low.

   나는 볼륨이 너무 작을 때 볼륨을 키워요.

6. I _____ when I watch a movie.

   나는 영화를 볼 때 자막을 선택해요.

Practice

A 빈칸에 알맞은 말을 찾아 넣고 말해 보세요. ◀)) MP3-099_01~04

---

choose a movie / make popcorn / turn on the TV

---

1 A: Let's _____ for our movie night!

영화의 밤을 위해 팝콘을 만들자!

B: I'll _____ while you make it.

네가 팝콘 만드는 동안 나는 영화를 고를게.

2 A: It's time for our favorite TV show!

우리가 가장 좋아하는 TV 프로그램 시간이야!

B: Oh right! I'll get the remote control and _____.

오, 맞아! 리모컨을 가져와서 TV를 켤게.

**flipping through the channels / choose the subtitles
turn the volume down**

---

3 A: Can you _____?

소리 좀 줄여 줄래?

B: Sorry, was it too loud? I'll turn it down.

미안해, 너무 시끄러웠어? 소리 줄일게.

4 A: Why are you _____ so much?

왜 그렇게 채널을 자꾸 이리저리 돌리는 거야?

B: I'm not! I'm trying to _____.

그게 아냐! 나는 자막을 선택하려고 하는 거야.

B

MP3를 듣고 빈칸에 알맞은 말을 넣어보세요. 🔊 MP3-**100**

1 First I _____ and get drinks.

먼저 나는 팝콘을 만들고 음료수를 가져와요.

2 Then I get the remote control and _____.

그런 다음 리모컨을 가지고 와서 텔레비전을 켜요.

3 I _____ and look for a fun TV show.

나는 채널을 이리저리 돌리면서 재미있는 TV 프로그램을 찾아요.

4 I _____ with my family.

나는 가족과 함께 쇼를 골라요.

5 I _____ when the volume is too low.

나는 볼륨이 너무 작을 때 볼륨을 키워요.

6 I sometimes _____ when the show

is in English. 나는 때때로 영어로 하는 프로그램을 볼 때 자막을 선택하기도 해요.

C 그림을 보고 나의 일상을 영어로 표현해 보세요.

How do you enjoy watching TV with your family?

Day
26 숙제하기

다음 표현을 익혀 보세요.

◀)) MP3-**101**

1 **go over the homework list**
숙제 목록을 확인하다

4 **review the notes from class**
수업 시간에 적은 필기 내용을 확인하다

2 **plan the homework**
숙제를 계획하다

5 **do the homework**
숙제를 하다

3 **prepare the books and supplies**
책과 준비물을 준비하다

6 **ask my parents for help**
부모님께 도움을 요청하다

A 그림에 맞는 표현을 써 보세요.

go over

the homework

prepare the books

from class

do

for help

B 숙제를 할 때 하는 일을 순서대로 말해 보세요.

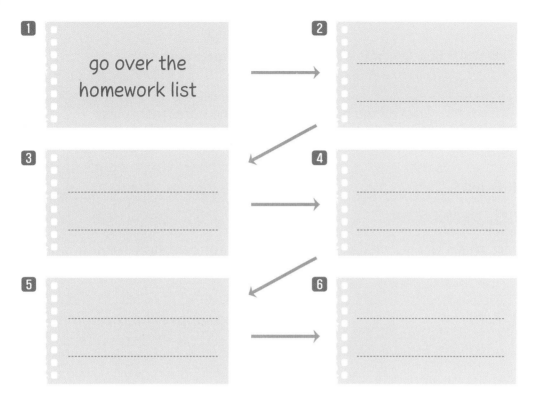

1. go over the
   homework list

2.
3.
4.
5.
6.

C 주어진 뜻에 맞게 빈칸을 채워 보세요. 🔊 MP3-**102**

1. I _____ when I get back from school.

   나는 학교에서 집에 돌아오면 숙제 목록을 확인해요.

2. I _____ after I go over the list.

   나는 목록을 확인한 후에 숙제를 계획해요.

3. I _____ for my homework after I plan it.

   나는 숙제를 계획한 후에 숙제를 위한 책과 준비물을 준비해요.

4. I _____ before I do my homework.

   나는 숙제를 하기 전에 수업 시간에 적은 필기 내용을 확인해요.

5. I start _____ when everything is ready.

   모든 것이 준비되면 나는 숙제를 하기 시작해요.

6. I sometimes _____ when I do my homework.

   나는 숙제할 때 가끔 부모님께 도움을 요청해요.

Practice

A 빈칸에 알맞은 말을 찾아 넣고 말해 보세요. 🔊 MP3-**103_01~04**

> **get all the books / review the notes from class
> go over the homework list**

1 A: Let's _____.

숙제 목록을 확인하자.

B: Here's the list. I have math problems and a reading assignment.

여기 목록이요. 수학 문제하고 읽기 과제가 하나 있어요.

2 A: I'll _____ and supplies for the homework.

내가 숙제에 필요한 모든 책과 준비물을 가져올게.

B: Good! I'll _____.

좋아! 나는 수업 시간에 적은 필기 내용을 확인할게.

> **ask her for help / do your homework / ask you for help**

3 A: Can I _____? I'm having trouble with

my math homework.   나 좀 도와줄래? 수학 숙제 하는 게 어려워서.

B: Math? I am not good with math, but I'll try my best.

수학? 수학은 못하지만 최선을 다해 볼게.

4 A: When are you going to _____?

너 숙제 언제 할 거야?

B: After Mom arrives, I want to _____.

엄마 오면. 엄마한테 도와달라고 할래.

B MP3를 듣고 빈칸에 알맞은 말을 넣어보세요. 🔊 MP3-**104**

1 I _____.

나는 숙제 목록을 확인해요.

2 I think about all the necessary items and _____.

나는 필요한 모든 것들에 대해 생각하고 숙제를 계획해요.

3 After that, I _____

for the homework.　그 후에 나는 숙제를 위한 모든 책과 준비물을 준비해요.

4 I _____, too, and start doing it.

나는 또한 수업 시간에 적은 필기 내용을 확인하고 숙제를 하기 시작해요.

5 I usually _____ by myself.

나는 보통 혼자서 숙제를 해요.

6 But I sometimes _____.

하지만 나는 가끔 부모님께 도움을 요청하기도 해요.

C 그림을 보고 나의 일상을 영어로 표현해 보세요.

다음 표현을 익혀 보세요.

🔊 MP3-**105**

1 measure the amount of water
물의 양을 재다

4 add the noodles and seasoning powder
면과 스프를 넣다

2 pour the water into the pot and boil it
물을 냄비에 붓고 끓이다

5 crack the egg and put it in the pot
계란을 깨서 냄비에 넣다

3 prepare the ramen and an egg
라면과 계란을 준비하다

6 boil until the ramen is cooked
라면이 익을 때까지 끓이다

A 그림에 맞는 표현을 써 보세요.

measure

into the pot and boil it

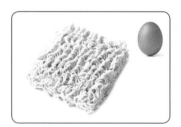

and an egg

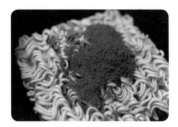

add the noodles and

and put it in the pot

boil until

112

B 라면을 끓일 때 하는 일을 순서대로 말해 보세요.

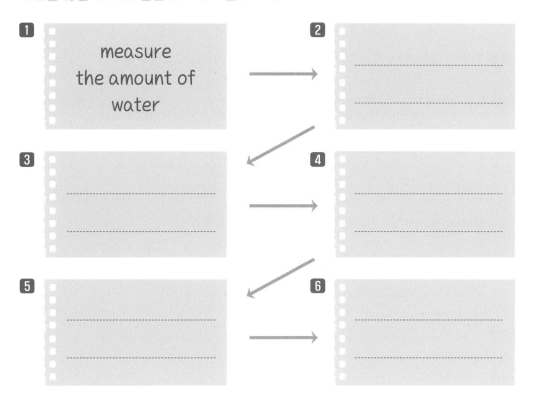

1 measure the amount of water

2

3

4

5

6

C 주어진 뜻에 맞게 빈칸을 채워 보세요. 🔊 MP3-**106**

1 I _____ first when I cook ramen.

나는 라면을 요리할 때 먼저 물의 양을 재요.

2 I _____ after I measure the water.　나는 물을 잰 후에 냄비에 물을 붓고 끓여요.

3 I _____ while I boil the water in the pot.

나는 냄비에 물을 끓이는 동안 라면과 달걀을 준비해요.

4 I _____ after the water starts to boil.

물이 끓기 시작하고 나서 나는 면과 스프를 넣어요.

5 I _____ when the ramen is almost cooked.　라면이 거의 다 익으면 계란을 깨서 냄비에 넣어요.

6 I _____ and then enjoy eating it.

나는 라면이 익을 때까지 끓이고 라면을 즐겁게 먹어요.

Practice

A 빈칸에 알맞은 말을 찾아 넣고 말해 보세요. 🔊 MP3-107_01~04

> **poured the water / measure the amount of water**
> **prepare ramen and eggs**

1 A: Remember to _____ before you

make ramen.   라면을 요리하기 전에 물의 양을 재는 걸 기억해.

B: I know. I have already _____ into the pot

after I measured it.   알아. 이미 양을 잰 후에 냄비에 물을 부었어.

2 A: I'll _____.

내가 라면과 달걀을 준비할게.

B: Okay, I'll prepare the spring onions then.

좋아, 그럼 나는 대파를 준비할게.

| spring onion 대파 |

> **add the noodles and seasoning powder / boil the ramen**
> **cracked the eggs**

3 A: Can you _____ to the pot?

면과 스프를 냄비에 넣어 줄래?

B: It's done. I _____ and put them in the pot, too.

이미 했어. 달걀도 깨서 냄비에 넣었어.

4 A: I can't wait! How long do we have to _____?

못 기다리겠어! 라면을 얼마나 끓여야 해?

B: Be patient. We need to boil it until the ramen is cooked.

조금만 기다려. 라면이 익을 때까지 끓여야 해.

B MP3를 듣고 빈칸에 알맞은 말을 넣어보세요. 🔊 MP3-**108**

1 First, I _____ with a measuring cup.

먼저 나는 계량컵으로 물의 양을 재요.

2 Then I _____ .

그리고 나서 냄비에 물을 붓고 물을 끓여요.

3 I _____ while I _____ the water.

나는 물을 끓이는 동안에 라면과 계란을 준비해요.

4 I _____ when the water starts to boil.

나는 물이 끓기 시작하면 라면과 스프를 넣어요.

5 Then I _____ and add cheese

or spring onions.　　그리고 나서 나는 계란을 깨서 냄비에 넣고 치즈나 파를 추가해요.

6 Finally, I _____ and enjoy it with kimchi.

마지막으로 라면이 익을 때까지 끓이고 김치와 함께 맛있게 먹어요.

C 그림을 보고 나의 일상을 영어로 표현해 보세요.

How do you cook ramen?

Day
28 세탁하기

다음 표현을 익혀 보세요.

🔊 MP3-**109**

1 **read the care labels**
취급 주의 라벨을 읽다

4 **select the setting**
세탁 코스를 선택하다

2 **sort the laundry**
빨랫감을 분류하다

5 **put the detergent into the washing machine**
세제를 세탁기에 넣다

3 **put the laundry into the washing machine**
빨랫감을 세탁기에 넣다

6 **press the start button**
시작 버튼을 누르다

A 그림에 맞는 표현을 써 보세요.

care label
(의류 등의) 취급 주의 라벨
detergent 세제

read
_____

_____
the laundry

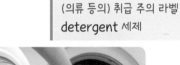

_____
into the washing machine

select
_____

put the detergent into
_____

_____
the start button

B 세탁을 할 때 하는 일을 순서대로 말해 보세요.

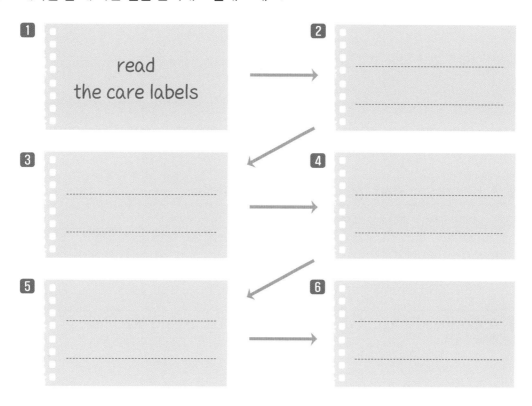

1 read the care labels
2
3
4
5
6

C 주어진 뜻에 맞게 빈칸을 채워 보세요. 🔊 MP3-110

1 I _____ before I do the laundry.

나는 세탁을 하기 전에 취급 주의 라벨을 읽어요.

2 I _____ after I _____.

나는 취급 주의 라벨을 읽은 다음에 빨랫감을 분류해요.

3 I _____ after I sort

the laundry. 나는 빨랫감을 분류하고 나서 빨랫감을 세탁기에 넣어요.

4 I _____ before I add the detergent.

나는 세제를 넣기 전에 세탁 코스를 선택해요.

5 I _____ and

shut the door. 세제를 세탁기에 넣고 문을 닫아요.

6 I _____ and wait until it's done.

나는 시작 버튼을 누르고 끝날 때까지 기다려요.

Practice

A 빈칸에 알맞은 말을 찾아 넣고 말해 보세요. 🔊 MP3-111_01~04

---

read the care labels / selecting the setting / sort the laundry

---

1 A: Before you start the laundry, make sure to _____.

빨래를 시작하기 전에 취급 주의 라벨을 꼭 읽어.

B: Of course! I'll _____ after I read the care labels.

물론이죠! 취급 주의 라벨을 읽은 후에 빨랫감을 분류할게요.

2 A: Go ahead and put the laundry into the washing machine.

어서 빨랫감을 세탁기에 넣어.

B: It's done. I finished _____ already, too.

그거 했어. 세탁 코스 선택도 이미 다 끝냈어.

---

put the detergent into / press it / put into the washing machine

---

3 A: Can you _____ the washing machine?

세제를 세탁기에 넣어 줄래?

B: Sure, how much detergent should I _____?

그래, 세제를 얼마나 많이 세탁기에 넣어야 해?

4 A: Where is the start button?

시작 버튼이 어디 있지?

B: This big button is the start button. You can _____.

이 큰 버튼이 시작 버튼이야. 이걸 눌러 봐.

B MP3를 듣고 빈칸에 알맞은 말을 넣어보세요. 🔊 MP3-112

1 First I _____ inside the clothes.

먼저 나는 옷 안쪽에 있는 취급 주의 라벨을 읽어요.

2 Then I _____ and put them in different baskets.

그런 다음 빨랫감을 분류해서 서로 다른 빨래 바구니에 넣어요.

3 I check the pockets and then _____

_____. 나는 주머니를 확인하고 빨랫감을 세탁기에 넣어요.

4 After that, I _____.

그 후에 나는 세탁 코스를 선택해요.

5 Then I _____ in the detergent compartment.

그런 다음 나는 세제를 세제 칸에 넣어요.

6 Finally, I _____ and wait until the laundry is done.

마지막으로 시작 버튼을 누르고 빨래가 끝날 때까지 기다려요.

C 그림을 보고 나의 일상을 영어로 표현해 보세요.

How do you do the laundry?

다음 표현을 익혀 보세요.

🔊 MP3-113

1 open the bottle lids
병 뚜껑을 열다

4 squash the bottles
병을 찌그러뜨리다

2 remove the stickers
스티커를 제거하다

5 put the bottles in recycling bags
분리수거 가방에 병을 넣다

3 wash the plastic bottles
플라스틱 병을 세척하다

6 take the bottles to the recycling center
병을 재활용 센터에 가져가다

A 그림에 맞는 표현을 써 보세요.

squash
눌러 찌그러뜨리다

open

the stickers
----

wash

squash

in recycling bags

to the recycling center

120

B 분리수거할 때 하는 일을 순서대로 말해 보세요.

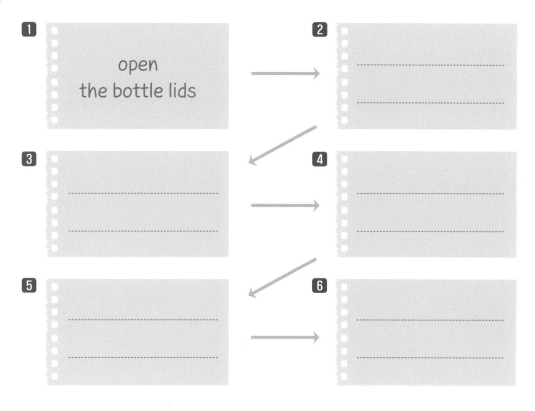

1 open the bottle lids

2

3

4

5

6

C 주어진 뜻에 맞게 빈칸을 채워 보세요. 🔊 MP3-**114**

1 When I _____, I twist _____.

나는 병 뚜껑을 열 때 그것들을 비틀어요.

2 I _____ on the bottles before I wash them.

나는 병을 세척하기 전에 병에 있는 스티커를 제거해요.

3 I _____ after I remove the stickers.

나는 스티커를 제거한 후 플라스틱 병을 세척해요.

4 I _____ after I wash them.

나는 세척하고 나서 플라스틱 병을 찌그러뜨려요.

5 I _____ after I squash them.

나는 병을 찌그러뜨린 후에 병을 분리수거 가방에 넣어요.

6 I _____

after I squash them.   나는 병을 찌그러뜨린 후에 병을 재활용 센터에 가져가요.

Practice

A 빈칸에 알맞은 말을 찾아 넣고 말해 보세요. ◀») MP3-115_01~04

---

open the bottle lids / remove the stickers / squash them

---

1 A: Should we _____?

스티커를 제거해야 할까?

B: Yes, _____ first, and then remove the stickers.

응, 먼저 병 뚜껑을 열고, 그 다음에 스티커를 제거해.

2 A: You need to wash the bottles after removing all the stickers.

스티커를 모두 제거한 후에는 병을 세척해야 돼.

B: I got it. I'll _____, too, after that.

알겠어. 그런 다음 찌그러뜨리기도 할게.

---

put the bottles / give me a second / take the bottles

---

3 A: Can you _____ to the recycling center?

병을 재활용 센터에 가져가 줄 수 있어?

B: Sure, I'll take them down in a bit. Just _____.

물론이야. 잠시 후에 가져갈게. 조금만 기다려줘.

4 A: Let's _____ in recycling bags.

병을 분리수거 가방에 넣자.

B: Got it. And then, should we take them to the recycling center?

알았어. 그런 다음 그것들을 재활용 센터에 가져갈까?

B MP3를 듣고 빈칸에 알맞은 말을 넣어보세요. 🔊 MP3-116

1 First I _____.

먼저 병 뚜껑을 열어요.

2 Then I _____ from the bottles.

그런 다음 병에 붙은 스티커를 제거해요.

3 And then I _____ and shake the water out.

그러고 나서 그것들을 세척하고 물을 털어내요.

4 After that, I _____ with my hands and feet.

그 후에 손과 발로 병들을 찌그러뜨려요.

5 Then I collect them and _____.

그런 다음 그것들을 모아서 분리수거 가방에 넣어요.

6 Finally, I _____ and put them

in the plastic section.　마지막으로 그것들을 재활용 센터로 가져가서 플라스틱 섹션에 넣어요.

C 그림을 보고 나의 일상을 영어로 표현해 보세요.

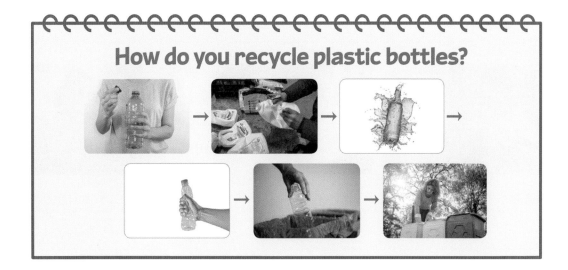

How do you recycle plastic bottles?

다음 표현을 익혀 보세요.

🔊 MP3-117

1 recall the events of the day
하루 일들을 되돌아보다

4 look up the words in the dictionary
단어들을 사전에서 찾다

2 choose the theme
주제를 정하다

5 write the diary
일기를 쓰다

3 think of my feelings and thoughts
내 감정과 생각을 떠올리다

6 review and revise the diary
일기를 검토하고 수정하다

A 그림에 맞는 표현을 써 보세요.

of the day

choose

and thoughts

look up the words

the diary

review and

124

B 영어로 일기를 쓸 때 하는 일을 순서대로 말해 보세요.

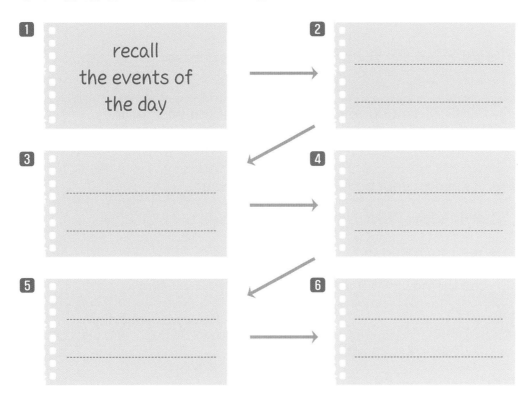

1 recall the events of the day

2

3

4

5

6

C 주어진 뜻에 맞게 빈칸을 채워 보세요. 🔊 MP3-118

1 I _____ before I start writing my diary.

나는 일기를 쓰기 전에 나의 하루 일들을 되돌아봐요.

2 I _____ after I recall the events of my day.

나는 나의 하루 일들을 하루를 되돌아본 후에 주제를 정해요.

3 I _____ about the theme.

나는 주제에 관한 내 감정과 생각을 떠올려 봐요.

4 I _____ .

나는 어려운 단어들을 사전에서 찾아봐요.

5 I _____ after I look up the difficult words.

나는 어려운 단어들을 찾아본 후에 일기를 써요.

difficult 어려운

6 I _____ after I finish writing it.

나는 다 쓴 후에 일기를 검토하고 수정해요.

Practice

A 빈칸에 알맞은 말을 찾아 넣고 말해 보세요. ◀》 MP3-**119_01~04**

> **writing your diary / think about your feelings**
> **recall the events of my day**

1 A: It's almost your bedtime. You should start _____.

잘 시간 다 됐네. 너 일기 쓰기 시작해야지.

B: Yes, I am trying to _____ and choose

the theme. 네, 하루 일들을 되돌아보고 주제를 정하려고 노력 중이예요.

2 A: _____. How was your day?

네 감정을 생각해 봐. 오늘 어땠어?

B: I felt so happy because all my friends came to my birthday party.

친구들이 모두 내 생일 파티에 와 줘서 정말 행복했어요.

> **look up the word / reviewing and revising it / say this word**

3 A: Did you finish writing your diary?

일기 쓰기 끝냈니?

B: I just finished. I'm now _____.

방금 끝냈어요. 지금 검토하고 수정하고 있어요.

4 A: How do I _____ in English?

이 단어를 영어로 어떻게 말해요?

B: You need to _____ in the dictionary.

사전에서 그 단어를 찾아봐야지.

B MP3를 듣고 빈칸에 알맞은 말을 넣어보세요. 🔊 MP3-**120**

1 First I close my eyes and _____ .

먼저 나는 눈을 감고 하루 일들을 회상해요.

2 Then I _____ for the diary.

그런 다음 나는 일기의 주제를 정해요.

3 After that, I _____ about the theme.

그 후에는 그 주제에 대한 나의 감정과 의견을 떠올려요.

4 And then I _____ in the dictionary.

그리고 나서 단어들을 사전에서 찾아봐요.

5 Then I start to _____ .

그런 다음에 일기를 쓰기 시작해요.

6 After all is over, I _____ .

모두 끝나고 난 후, 일기를 검토하고 수정해요.

C 그림을 보고 나의 일상을 영어로 표현해 보세요.

Day 01 일어나기

A B

정답 → Day별 학습 표현

C

1. wake up
2. turn off the alarm
3. get up
4. yawn and stretch
5. make the bed
6. go to the bathroom

Practice

A

1. wake up / turn off the alarm
2. yawning and stretching
3. make your bed
4. is almost ready / am going to the bathroom

B

1. turn the alarm off / wake up
2. get up
3. yawn and stretch
4. make the bed
5. go to the bathroom

Day 02 세수하기

A B

정답 → Day별 학습 표현

C

1. turn on the water
2. wet my face
3. clean my face with soap
4. rinse my face with water
5. wipe my face with a towel
6. put lotion on my face

Practice

A

1. turn the water off
2. wipe my face / put lotion on your face
3. clean off my makeup / wet your face with water
4. looking in the mirror

B

1. turn on the water
2. wet my face with the water
3. clean my face with it
4. rinse my face
5. wipe my face with a soft towel
6. put lotion on my face

Day 03 아침 먹기

A B
정답 → Day별 학습 표현

C

1. set the table
2. drink a glass of water
3. use chopsticks
4. use a spoon / a fork
5. clean off the table
6. wash the dishes

Practice

A

1. eat breakfast
2. clean off the table / wash the dishes
3. set the table / use chopsticks or a fork
4. drinking a cup of

B

1. set the table
2. start eating
3. use chopsticks / eat breakfast
4. use a fork and a spoon
5. enjoy helping
6. clean off the table
7. wash all the dishes

Day 04 양치하기

A B
정답 → Day별 학습 표현

C

1. squeeze the toothpaste out
2. put the toothpaste on my toothbrush
3. brush my teeth back and forth
4. rinse my mouth with water
5. wash my toothbrush
6. put the toothbrush back in the toothbrush holder

Practice

A

1. rinsing my mouth
2. put the toothbrush back / wash it
3. put the toothpaste on / squeeze from the end
4. brush my teeth

B

1. squeeze the toothpaste out
2. put the toothpaste on my toothbrush
3. brush my teeth thoroughly
4. brush my teeth up and down
5. rinse my mouth
6. wash my toothbrush
7. put my toothbrush back

A B

정답 → **Day**별 학습 표현

C
1. pick a shirt out of the closet
2. put my arms through the sleeves
3. do the front buttons up
4. button up the cuffs
5. roll up the sleeves if it's hot
6. straighten the collar

A B

정답 → **Day**별 학습 표현

C
1. select a pair of matching pants
2. put my legs into the pants
3. pull up the pants
4. tuck the shirt into the pants
5. zip up the zipper and button the pants
6. put the belt on

Practice

A
1. Pick a summer shirt / roll up the sleeves
2. button up the cuffs
3. get dressed / put your arms through
4. straighten the collar

B
1. pick a shirt out of the closet
2. put my arms through the sleeves
3. do the front buttons up
4. button up the cuffs
5. roll up the sleeves
6. straighten the collar

Practice

A
1. selected a pair of matching pants
2. tucked the shirt into / zip them up
3. pull your pants up
4. put my belt on / Pick out another belt

B
1. select a pair of pants
2. put my legs into the pants
3. pull up the pants
4. tuck my shirt in / zip up the zipper
5. button them
6. put the belt on

Day 07 등교 준비

A B

정답 → **Day**별 학습 표현

C

1. check my homework
2. check my school supplies
3. pack my backpack
4. get dressed
5. comb my hair
6. pick up my backpack

Practice

A

1. check your homework
2. getting dressed / comb your hair
3. pack your backpack
4. lose your backpack / picked it up

B

1. check my homework
2. check my school supplies
3. pack my backpack
4. get dressed
5. comb my hair
6. pick up my backpack

Day 08 집 나서기

A B

정답 → **Day**별 학습 표현

C

1. turn off the lights
2. check the weather
3. say goodbye to my parents and pets
4. open the door
5. walk out the door
6. shut the door

Practice

A

1. turn off the lights / check the weather
2. say goodbye to
3. open the door / shut the door
4. ran out the door

B

1. turn off the lights
2. check the weather
3. say goodbye to my parents
4. open the door
5. walk out the door
6. shut the door

Day 09 길 건너기

A B

정답 → **Day**별 학습 표현

C

1. stop at the crosswalk
2. wait at the sidewalk
3. wait until the traffic lights change
4. check the road
5. cross the road
6. look left and right

Practice

A

1. stop at the crosswalk / wait at the sidewalk
2. cross the road
3. cross the road / look left and right
4. wait until the traffic lights change

B

1. stop at the crosswalk
2. until the traffic lights change
3. check the road
4. step off the sidewalk
5. cross the road
6. look left and right

Day 10 버스 타기

A B

정답 → **Day**별 학습 표현

C

1. check the bus schedule
2. wait for the bus at the bus stop
3. get on the bus carefully
4. swipe my bus card on the machine
5. press the bell one stop before my stop
6. get off the bus

Practice

A

1. wait for the bus
2. get on the bus / swipe your bus card
3. check the bus schedule / is running late
4. press the bell

B

1. check the bus schedule
2. wait for the bus
3. get on it
4. swipe my bus card on the machine
5. take / seat
6. press the bell one stop before my stop
7. get off the bus

Day 11 지하철 타기

A B
정답 → Day별 학습 표현

C
1. go through the subway ticket gate
2. check the signs and find the way
3. wait at the platform
4. get on the subway
5. listen to the announcement
6. get off the subway

Practice

A
1. go through the subway ticket gate
2. am waiting at / get on
3. check the signs
4. getting off the train / listen / to the announcement

B
1. go through the subway ticket gate
2. check the signs / find my way
3. wait at the platform for the train
4. arrives
5. get off / get on the subway
6. listen to the announcement
7. get off the subway

Day 12 자전거 타기

A B
정답 → Day별 학습 표현

C
1. unlock my bike
2. put on my helmet
3. get on my bike
4. start to pedal and coast
5. shift gears
6. slow down and get off my bike

Practice

A
1. get on the bike
2. is too high / unlock your bike
3. start to pedal and glide
4. get off the bike / shift gears

B
1. unlock the bike
2. put on the helmet
3. get on the bike
4. start to pedal and coast
5. shift gears
6. slow down and get off the bike

Day 13 수업 듣기

A B

정답 → Day별 학습 표현

C

1. greet my teacher
2. get my textbooks out
3. listen to my teacher
4. take notes
5. ask questions
6. answer the questions

Practice

A

1. get your textbooks out
2. Listen to your teacher / take notes
3. greet the teacher
4. ask questions / finish explaining

B

1. greet the teacher
2. get our textbooks out
3. listen / to the teacher
4. take notes
5. ask questions
6. answer the questions

Day 14 쉬는 시간

A B

정답 → Day별 학습 표현

C

1. hear the bell ring
2. put the textbooks away
3. have snacks with friends
4. chat with friends
5. play a board game
6. read comic books

Practice

A

1. play a board game / read my comic books
2. have snacks with me
3. hear the bell ring / put my textbooks away
4. have snacks with

B

1. hear the bell ring
2. put the textbooks away
3. have snacks with friends
4. chat with my friends
5. play board games
6. read comic books

A B

정답 → Day별 학습 표현

C

1. change into gym clothes
2. go to the gym
3. hear the whistle
4. follow the teacher's directions
5. use the equipment properly
6. tidy up the gym

Practice

A

1. hear the whistle / am changing into
2. use the equipment properly
3. go to the gym
4. tidy up the gym / give me directions

B

1. change into gym clothes
2. go to the gym
3. hear the whistle
4. gives directions
5. follow the teacher's directions
6. use / the equipment properly
7. tidy up the gym

A B

정답 → Day별 학습 표현

C

1. choose the theme
2. prepare the materials
3. take a good look at the subject
4. sketch the subject
5. color the drawing
6. retouch the picture

Practice

A

1. choose the theme / prepare the materials
2. color the drawing
3. sketching the subject / take a good look at
4. retouching the picture

B

1. choose the theme
2. prepare the materials
3. take a / look at the subject
4. sketch the subject
5. coloring the drawing
6. retouch the picture

Day 17 발표 시간

A B
정답 → Day별 학습 표현

C
1. choose a topic
2. research the topic
3. write the script for my presentation
4. make a presentation file
5. practice my presentation
6. give my presentation

Practice

A
1. choose a topic / research it
2. write the script
3. making the presentation file
4. give the presentation / practice the presentation

B
1. choose a topic
2. research the topic
3. write the script for my presentation
4. make a presentation file
5. practice the presentation
6. give my presentation

Day 18 점심 시간

A B
정답 → Day별 학습 표현

C
1. stand in line
2. put rice and side dishes on the tray
3. take a seat
4. enjoy the meal
5. clear the dishes
6. return the tray

Practice

A
1. stand in line
2. enjoy your meal / clear the dishes
3. take a seat
4. return the tray / clear the dishes

B
1. stand in line
2. put rice and side dishes on the tray
3. take a seat
4. enjoy my meal
5. clear the dishes
6. return the tray

Day 19 편의점에 들르기

A B

정답 → Day별 학습 표현

C

1. feel a little hungry
2. go into the convenience store
3. choose snacks and drinks
4. go to the checkout counter
5. ask for straws
6. pay for the snacks and drinks

Practice

A

1. feel a little hungry / go into
2. go to the checkout counter
3. ask for straws / pay for everything
4. snacks and drinks / choose

B

1. go into the convenience store / feel hungry
2. choose snacks and drinks
3. go to the checkout counter
4. ask for straws
5. take out my card
6. pay for the snacks and drinks

Day 20 온라인 게임 하기

A B

정답 → Day별 학습 표현

C

1. start up the computer
2. log in to the computer
3. choose a game
4. put on a headset
5. play the game
6. chat with other gamers

Practice

A

1. play the game / start up the computer
2. logged in to the computer
3. choose a game / Put on your headset
4. chatting with them

B

1. start up the computer
2. log in to the computer
3. choose a game
4. put on a headset
5. playing the game
6. chat with them

A B

정답 ➡ **Day**별 학습 표현

C
1. dress my dog
2. put a leash on my dog
3. prepare poop bags and water
4. go for a walk
5. play fetch with my dog
6. bathe my dog

Practice 💬

A
1. dress the dog
2. put a leash on the dog / prepare the poop bags
3. playing fetch with the dog
4. take the dog for a walk / bathed her

B
1. dress my dog
2. put a leash on the dog
3. prepare poop bags and water
4. go for a walk
5. walk with my dog
6. play fetch with my dog
7. return home
8. bathe my dog

A B

정답 ➡ **Day**별 학습 표현

C
1. grab a shopping basket
2. look around the ice cream shop
3. select the ice cream
4. put the ice cream in the basket
5. scan the bar codes at the kiosk
6. pay with my credit card

Practice 💬

A
1. look around / Grab the shopping basket
2. selected too much ice cream
3. pay with my credit card / scan the bar codes
4. check the total price

B
1. grab a shopping basket
2. look around
3. select my favorite ice cream
4. put / the ice cream in the shopping basket
5. scan the bar codes at the kiosk
6. pay with my credit card

Day 23 병원 가기

A B

정답 → **Day**별 학습 표현

C

1. feel sick
2. go to the clinic
3. explain my symptoms to the doctor
4. get advice from the doctor
5. get the prescription
6. pay the bill

Practice

A

1. go to the clinic
2. explain all your symptoms / get some advice
3. get the prescription
4. pick up the prescription / pay the bill

B

1. go into the clinic
2. explain my symptoms
3. gives me advice
4. explains everything in detail
5. get the prescription
6. pay the bill

Day 24 도서관에서 책 빌리기

A B

정답 → **Day**별 학습 표현

C

1. visit the library
2. search for the book on the computer
3. look for the book in the aisle
4. go to the self-checkout
5. scan the library card
6. check out the book

Practice

A

1. visit the library / look for
2. go to the self-checkout
3. search for the book
4. check out this book / Scan your library card

B

1. search for the book on the computer
2. see the location
3. look for the book in the aisle
4. go to the self-checkout
5. put / self-checkout
6. scan my library card
7. check out the book

Day 25 TV 또는 영화 보기

A B
정답 → Day별 학습 표현

C
1. make popcorn
2. turn on the TV
3. flip through the channels
4. choose a TV show
5. turn up the volume
6. choose the subtitles

Practice

A
1. make popcorn / choose a movie
2. turn on the TV
3. turn the volume down
4. flipping through the channels / choose the subtitles

B
1. make popcorn
2. turn on the TV
3. flip through the channels
4. choose a show
5. turn up the volume
6. choose the subtitles

Day 26 숙제하기

A B
정답 → Day별 학습 표현

C
1. go over the homework list
2. plan the homework
3. prepare the books and supplies
4. review the notes from class
5. doing my homework
6. ask my parents for help

Practice

A
1. go over the homework list
2. get all the books / review the notes from class
3. ask you for help
4. do your homework / ask her for help

B
1. go over the homework list
2. plan the homework
3. prepare all the books and supplies
4. review the notes from class
5. do my homework
6. ask my parents for help

A B

정답 → Day별 학습 표현

C

1. measure the amount of water
2. pour the water into the pot and boil it
3. prepare the ramen and an egg
4. add the noodles and seasoning powder
5. crack the egg and put it in the pot
6. boil until the ramen is cooked

Practice

A

1. measure the amount of water / poured the water
2. prepare ramen and eggs
3. add the noodles and seasoning powder / cracked the eggs
4. boil the ramen

B

1. measure the amount of water
2. pour the water into the pot and boil it
3. prepare the ramen and eggs / boil
4. add the noodles and seasoning powder
5. crack the eggs and put them in the pot
6. boil it until the ramen is cooked

A B

정답 → Day별 학습 표현

C

1. read the care labels
2. sort the laundry / read the care labels
3. put the laundry into the washing machine
4. select the setting
5. put the detergent into the washing machine
6. press the start button

Practice

A

1. read the care labels / sort the laundry
2. selecting the setting
3. put the detergent into / put into the washing machine
4. press it

B

1. read the care labels
2. sort the laundry
3. put the laundry into the washing machine
4. select the setting
5. put the detergent
6. press the start button

Day 29 분리수거하기

A B
정답 → Day별 학습 표현

C
1. open the bottle lids / them
2. remove the stickers
3. wash the plastic bottles
4. squash the plastic bottles
5. put the bottles in recycling bags
6. take the bottles to the recycling center

Practice

A
1. remove the stickers / open the bottle lids
2. squash them
3. take the bottles / give me a second
4. put the bottles

B
1. open the bottle lids
2. remove the stickers
3. wash them
4. squash the bottles
5. put them in recycling bags
6. take them to the recycling center

Day 30 영어 일기 쓰기

A B
정답 → Day별 학습 표현

C
1. recall the events of my day
2. choose the theme
3. think of my feelings and thoughts
4. look up the difficult words in the dictionary
5. write my diary
6. review and revise my diary

Practice

A
1. writing your diary / recall the events of my day
2. Think about your feelings
3. reviewing and revising it
4. say this word / look up the word

B
1. recall the events of my day
2. choose the theme
3. think of my feelings and thoughts
4. look up the words
5. write the diary
6. review and revise the diary